Ferdinand Mabanza Tolotolo

Studio antropologico della corporeità nello Nsang presso gli Yansi

Ferdinand Mabanza Tolotolo

Studio antropologico della corporeità nello Nsang presso gli Yansi

Verso un'eucaristia inculturata nella RD. Congo

Edizioni Sant'Antonio

Cover image: www.ingimage.com

Publisher:
Edizioni Accademiche Italiane
is a trademark of
International Book Market Service Ltd., member of OmniScriptum Publishing Group
17 Meldrum Street, Beau Bassin 71504, Mauritius

Printed at: see last page
ISBN: 978-613-8-39346-7

INTRODUZIONE GENERALE

L'antropologa Françoise Héritier sostiene che, due o tre decenni fa, il corpo è diventato oggetto di ricerca nella nuova disciplina antropologica del corpo. Il postulato di base secondo il quale il corpo è il punto d'ancoraggio del pensiero e dell'ordine sociale si è progressivamente costruito. Diventata anch' essa centrale, la questione degli affetti dà una dimensione affettiva alla vita sociale quando si appoggia sulla natura sensibile del corpo. La struttura sociale implica necessariamente il corpo e gli affetti. Quest'ultimi e la psiche fanno parte della realtà che rappresentano e strutturalmente interpretano. Ogni risposta a una determinata questione implicata nel quadro invariante inteso come «*une mise en rapport entre deux ordres de faits, mise en rapport nécessaire pour l'esprit*» [1] - induce gli atteggiamenti, i comportamenti, le istituzioni e gli affetti primari (disgusto, gioia, paura, repulsione) o complessi (affinità, rifiuto, così via). In altri termini, l'autrice intende affermare che le singolari risposte a determinate questioni producono emozioni e sentimenti che sono doppi della coscienza nella loro esistenza e nella loro traduzione in comportamenti e in parole. C'è un primo movimento riflessivo che parte dall'osservazione del corpo sensibile e dal mondo e culmina nella messa a punto delle strutture sociali e delle strutture del pensiero per il tramite dei quadri invarianti. C'è poi un secondo movimento riflessivo che va da queste strutture allo sfogo delle emozioni e dei sentimenti che sono rafforzati dalle strutture già esistenti. Partendo dalla sua esperienza sul campo, Françoise Héritier fa vedere il modo in cui nascono le regole sociali e gli affetti che sono provocati in qualche modo dalla riflessione e dalla regola stessa sul loro aspetto emotivo più profondamente radicato nel corpo [2].

Lo stesso anno (2003), l'antropologa Claudia Mattalucci-Yilmaz convalidava la tesi della Héritier, secondo cui l'antropologia non ha sempre avuto l'interesse per il corpo e giustificava il suo attuale interesse in due modi. Il primo è relativo alle contraddizioni dei mondi contemporanei. La contemporaneità infatti è caratterizzata da diversi fenomeni

[1] F. HÉRITIER, *Une anthropologie symbolique du corps,* in «Journal des africanistes», LXXIII, n. 2 (2003), p. 10.
[2] Cfr. *Ivi*, p. 11.

contradditori: ad esempio, gli sviluppi delle biotecnologie e i problemi che queste sollevano; i processi di mercificazione dei fluidi e delle sue parti (che mettono in discussione la concezione del corpo come entità circoscritta in legame stretto con l'identità personale); le modificazioni del corpo ricorrendo a pratiche più o meno invasive (come il tatuaggio, l'allenamento sportivo, la chirurgia estetica, i disturbi alimentari) che ridefiniscono le appartenenze e rimodellano i generi (oltre a occultare le età). Così, esse mettono in dubbio l'idea che il divenire corporeo sia, biologicamente e socialmente, determinato. Peraltro, le dislocazioni di interi gruppi umani e i fenomeni migratori hanno avuto come conseguenza il cambiamento del modo di pensare la corporeità. I corpi dei migranti e dei rifugiati, vivendo lontani dalle loro originarie reti di relazioni, diventano il luogo d'incarnazione d'identità ibride, «sradicate e mobili prodotte dalle tensioni tra mondi locali e più ampi scenari storici, economici e politici» [3]. L'antropologia non si sente di rimanere indifferente davanti a queste contraddizioni che caratterizzano i mondi contemporanei, bensì cerca di comprenderle.

Il secondo modo è interno alla disciplina stessa. Esso deve essere interpretato come il prodotto d'un processo di revisione critica che consiste nel ripensamento degli obiettivi e dei metodi dell'impresa conoscitiva della disciplina antropologica. Vale a dire che oggi, più che mai, l'antropologia è diventata molto attenta ad adottare una prospettiva più vicina sia all'esperienza degli attori sociali, al modo di riproduzione, di trasformazione o di contestazione dei significati culturali a livello delle esperienze, sia alle esperienze individuali che collettive.

Queste pagine s'iscrivono nella logica di conferma di quanto è stato sostenuto da queste due autrici e in quella della continuità degli sforzi di fare antropologia *con* e *dal* corpo. In questo lavoro abbiamo cercato di ragionare sulla corporeità nella pratica dello *Nsang* in Kiyansi (è un dialetto congolese parlato dal popolo Yansi). In effetti, gli Yansi di Bampila detto anche Bampela (territorio situato nella Repubblica Democratica del Congo) risolvono i problemi creati o legati al corpo umano servendosi dello stesso corpo. Cercheremo di capire le varie espressioni corporee esistenti e le loro interpretazioni, le molteplici visioni antropologiche che le sottendono. Non ne parleremo come uno straniero (o qualcuno) che ha conosciuto questa pratica attraverso la lettura di libri e riviste specializzate. Ne parliamo piuttosto come membro della comunità yansi; di conseguenza, dal punto di osservazione di chi conosce la pratica e che l'ha sempre vissuta dall'interno. Dalla prima infanzia fino ad oggi

[3] Cl. MATTALUCCI-YILMAZ, *Introduzione*, in «Antropologia», III , n. 3 (2003), p. 9.

abbiamo partecipato e continuiamo a partecipare allo svolgimento dello *Nsang* a Pano, il nostro paese nativo. Dalle parole e dall'espressività della corporeità abbiamo capito che esse comunicano un messaggio; quindi costituiscono un linguaggio. Ci siamo documentati per cercare di saperne di più al riguardo; accorgendoci che non c'è una letteratura corposa su questa specifica pratica. Così abbiamo deciso di intraprendere questo studio perché interessati ad approfondire il più possibile la sua conoscenza. Siamo andati sul campo per indagare, facendo interviste a coloro che eseguono questa pratica e ad alcune persone che erano coinvolte come parti in conflitto e come partecipanti, e partecipando a una seduta dello *Nsang* a Pano. Intraprendendo questo studio, il nostro scopo è stato quello di fornire una traccia scritta, metodica e sistematica, sulla corporeità nello *Nsang* e di lasciarla alle generazioni presenti e future senza però nessuna pretesa di essere esaustivi o di avere scoperto tutta la verità. Abbiamo intervistato undici persone e il risultato di questa indagine rappresenta quindi la visione yansi della corporeità secondo loro.

Lo *Nsang* è importante per questo popolo ma anche per la Chiesa Cattolica in terra congolese. La sua importanza per quest'ultima non è più a dimostrare. Infatti, il rito zairese della celebrazione eucaristica si è ispirato di esso nella sua struttura, nei suoi atteggiamenti, nei suoi gesti e nei suoi movimenti. Detto ciò, questo studio potrebbe fornire alcuni elementi importanti per l'approfondimento del lavoro d'inculturazione ch'è stato compiuto nel rito zairese (oggi congolese) dell'eucaristia.

Prima di dare al potenziale lettore il risultato della nostra indagine, presenteremo gli scritti di cui siamo venuti a conoscenza sullo *Nsang* e alcune teorie antropologiche in vigore avendo un rapporto diretto con la drammaticità e l'incorporazione. Qui la nostra intenzione è quella di cercare una connessione tra loro e di verficarne la compatibilità (o meno) con la pratica effettiva, tenendo sempre presenti le informazioni ricavate sul campo attraverso le interviste. Ragioneremo sul materiale delle interviste, delle registrazioni e dei filmati che abbiamo realizzato, non solo come osservatore partecipante ma anche coinvolgendo il nostro proprio corpo. I limiti di questo studio sono proprio la sua originalità. Potevamo continuare a indagare sulla generalità dello *Nsang* come hanno fatto gli autori precedenti. Abbiamo invece deciso di soffermarci sul suo svolgimento presso un popolo, gli Yansi di Bampila, e di concentrarci sulla corporeità. Ma per farlo siamo chiamati anche a descrivere la sua pratica per permettere a coloro che non la conoscono di farsi una idea. L'altro limite di questo studio è il fatto che è stato impossibile trovare alcuni testi esistenti sullo *Nsang* sia nel nostro paese d'origine che in Italia. Abbiamo quindi costruito la nostra riflessione sulla base del materiale da noi raccolto. Nonostante tutto riteniamo che la documentazione raccolta sia sufficiente e che, di conseguenza, anche la nostra riflessione sia valida.

Abbiamo accennato un po' all'originalità di questo lavoro a proposito dei sui limiti. Aggiungiamo che il corpo, che fa l'oggetto di vari studi antropologici, unisce e divide anche la gente. E per rifare l'unità fra i corpi, fra le persone separate dal fatto sociale, gli Yansi fanno ancora spesso ricorso ai corpi dei partecipanti allo *Nsang*. In modo che, non solo partecipino attivamente al processo della riconciliazione, della giustizia e della pace, ma anche che i corpi parlino da sé; cioè comunicano un messaggio, arrivano dove l'uomo non può o non vuole arrivare con le parole. Il linguaggio codificato dell'espressione corporea viene percepito dai presenti. Il suo significato è legato alla cultura locale secondo gli intervistati. Per conto loro, gli antropologi hanno dedicato una parte della loro riflessione sul corpo alla gestualità. Un confronto con il loro pensiero ci aiuterà a scoprire i punti comuni e le divergenze tra loro e la pratica yansi secondo gli intervistati e gli autori citati. A nostro parere, questi elementi messi insieme costituiscono un campo poco esplorato.

Il lavoro sarà articolato in quattro capitoli. Il primo si soffermerà sullo stato dell'arte dello *Nsang*. Il secondo si concentrerà su alcuni autori che hanno dedicato la loro riflessione all'antropologia del corpo. Il terzo verterà sullo svolgimento, sui svantaggi e sui vantaggi dello *Nsang*. Il quarto si focalizzerà sul corpo e le sue espressioni in esso. Lo finiremo faccendo cenno all'inculturazione eucaristica nello Zaire.

CAPITOLO PRIMO

BREVE RICOGNIZIONE DELLO "STATO DELL'ARTE" DEGLI STUDI SULLO *NSANG*

Molti autori hanno scritto sullo *Nsang* o *palabre* (in Francese). Il biblista Paulin Poucouta ricorda che il concetto *palabre* significa etimologicamente *parola*; infatti, esso proviene dallo spagnolo *palabra*. Esso viene definito come scambio di parole (l'autore parafrasa il dizionario *Le Robert*), come problema e rimedio a esso, e come «*assemblée coutumière où se discutent des sujets concernant la communauté*» [4]. Dunque, secondo l'autore, la *palabre* è nel contempo un problema (ad esempio, la malattia) e l'istituzione tradizionale competente per risolvere oralmente, verbalmente questo problema. Anni fa, prima di lui, l'esperto alla contabilità Benoît Atangana attribuiva gli stessi significati alla *palabre*. Detto ciò, Poucouta non innova rispetto a Atangana. Secondo lui, la

> *Palabre veut dire: débat, affaire, conflit. C'est en fait la réduction d'un conflit par le langage, c'est la violence prise humainement dans la discussion, soumise à l'action efficace de la toute-puissance du verbe. Deux personnes, deux villages, deux tribus, deux royaumes et de nos jours deux races entrent en conflit: ils ont une palabre; ils entrent dans son processus* [5].

La novità introdotta dall'autore nella citazione risiede nel suo concepimento sulla *palabre* come qualcosa di dinamico, quindi di non fisso o statico, da giocare e da costruire sempre con spiegazioni, correzioni e modifiche. La *palabre* si fa e si costruisce durante il gioco nel suo svolgimento; certo, il conflitto è recitato dalla comunità radunata per ragionare e per cooperare alla sua riduzione, sotto forma di messa in scena, di dramma come nel teatro. Inoltre, la *palabre* è già in sé stessa un dramma sociale secondo il parere del filosofo Jean-Godefroy Bidima [6] e del teologo Donatien Kembe Ejiba [7].

In situazioni socio-culturali differenti, tanti popoli africani ricorrono ad essa per la risoluzione dei conflitti sociali: a titolo esemplificativo, possiamo citare i Bakongo (che la chiamano *kinzonzi*), i Bolia, i Ding e gli Yansi (o Bayansi) della RD. del Congo. Come

---

[4] Cfr. P. POUCOUTA, *Palabre africaine et réconciliazione*, in «pentecôte d'Afrique», n. 32 (1998), p. 41.

[5] B. ATANGANA, *Actualité de la palabre?*, in «Etudes», n. 324 (1966), p. 461.

[6] J.G. BIDIMA, *La palabre, une juridiction de la parole*, Paris, Michalon, 1997, p. 10.

[7] Cfr. D. KEMBE EJIBA, *Tel lieu, telle catéchèse. Catéchiser sous l'arbre à palabre en Afrique*, in «Revue Africaine de Théologie», n. 27/53 (2003), p. 82.

avremmo modo di vedere nel terzo capitolo, i due significati che gli Yansi danno a questo concetto sono identici a quelli di Atangana e di Poucouta e, di conseguenza, corroborano le loro affermazioni.

Peraltro, gli autori precedenti ne parlano in modo generico oppure sviluppando un solo aspetto: ad esempio, l'abbigliamento degli addetti, la funzione del giudice, e così via. Le righe seguenti senza essere esaustive [8] sono una ricognizione dello «stato dell'arte» degli studi sullo *Nsang*. Nel riferirci a ricerche precedenti non intendiamo parlarne in generale. Piuttosto, vogliamo rintracciare chi e come ha guardato allo *Nsang* attraverso l'uso e la simbologia corporea.

Nel 1963 l'antropologa-etnologa Anne Retel-Laurentin dedicava la sua riflessione alla *palabre* della sposa adultera presso gli Nzakara [9]. Essa narra il dialogo tra il giudice e le parti in causa, rivela l'atteggiamento degli interessati sulla prostituzione e sul libertinaggio, le loro concezioni riguardo il matrimonio e la loro immagine di donna. La giovane sposa Damadi, dopo avere fatto sesso con Avyon, viene pagata con 50 franchi. Avendo scoperto il tradimento, lo sposo Bakaïnda pone il problema al tribunale di cui Sayo era giudice. Le uniche espressioni corporee sono le seguenti: il movimento della testa del Giudice Sayo per designare il marito della donna adultera e il gesto eseguito con il mento di quest'ultima per indicare la casa del suo amante (l'uomo adultero) [10]. Nel 1966, per contro, Atangana s'interrogava sull'attualità della *palabre* [11]. Secondo lui, oggi l'incontro tra le civiltà e le culture non è riuscito perché non c'è un incontro e una cooperazione fra le persone. Ecco perché bisogna mettere l'uomo al centro di tutto, come veniva fatto una volta nell'Africa tradizionale, dove la violenza esteriorizzava e rivelava alla comunità degli uomini l'inizio

---

[8] Esistono altri scritti che non abbiamo potuto trovare: J. LOHISSE, *La communication tribale. La communication sociale dans les sociétés traditionnelles d'Afrique noire*, Paris, éditions Universitaires, 1974 ; W.O. ALENGISA, *Ewu ou la palabre chez les Angwi. Mémoire inédit*, Kinshasa, F.C.K., 1978 ; MAYOLA MAVUNGA LWANGA, *La rhétorique du choix pour une argumentation dans la palabre africaine*, in *Philosophie et communication sociale en Afrique. III è Séminaire scientifique national de philosophie du 29 novembre au 03 décembre 1987*, (Recherches Philosophiques Africaines, 17), Kinshasa, Facultés Catholiques de Kinshasa, 1989, pp. 129-135 ; NGWEY NGOND'A NDENGE, *Palabre africaine, lieu de révélation de divergence, terrain prospectif d'une communication plurielle*, in *Philosophie et communication sociale en Afrique* ... cit. , pp. 115-122 ; J.G. BIDIMA, *La palabre,* in «Diogène», n. 184 (1998), p. 125 ; MUTUNDA MUEMBO, *La palabre*, in *Conflits et identité. Actes des Journées philosophiques de Canisius, avril 1997*, Kinshasa, éditions Loyola, 1998, p. 158; R. MAWUTO AFAN, *La palabre comme principe de la démocratie africaine*, in «Eglise d'Afrique. Revue d'études et d'expériences pastorales», n. 1 (2000), pp. 28-38.

[9] A. LAURENTIN-RETEL, *Un jugement coutumier Nzakara. Réflexions sur un enregistrement d'audience*, in «Cahiers d'études africaines», n. 3 (1963), pp. 391-412.

[10] *Ivi*, p. 396.

[11] B. ATANGANA, *Actualité de la palabre?*, ... cit. , pp. 460-466.

della *palabre*. Il conflitto (o la *palabre*) recitato nella comunità radunata cadeva nell'elemento tipicamente umano del discorso [12]. L'autore parla dell'espressione corporea a conclusione della *palabre* per celebrare l'armonia ritrovata all'interno della comunità; in effetti, il pranzo di comunione organizzato alla fine era talvolta accompagnato da canti e danza [13]. Inoltre, il dialogo fra i partecipanti si basava sulla parola. Possiamo notare come l'autore tratta il dramma sociale (che è la *palabre*) senza dire come viene svolto e cita canti e danza senza fornire alcun tipo di dettaglio. Per conto suo, il giornalista Guy Bikouta Menga scriveva un romanzo nel 1973 intitolato *La palabre sterile* [14] dove venivano raccontate le avventure di un giovane congolese di Brazzaville (il suo paese d'origine) vituperato dai suoi familiari per essere fuggito dal villaggio nativo alla vigilia delle indipendenze africane. La sua fuga ebbe come conseguenza il fatto di non avere avuto figli dal suo matrimonio e, per risolvere il problema, vennero organizzati eventi imprevisti e numerose *palabre*. Durante il processo di risoluzione del conflitto, nato dal fatto sopra citato, l'autore non dice niente riguardo la comunicazione non verbale. Nove anni più tardi, il linguista Pierre Ngila Bompeti rifletteva sugli *Aspects pragmatiques de la palabre bolia nel 1982* nella sua tesi di laurea magistrale. Questo lavoro è stato perfezionato nel 1996 [15] nel suo articolo dedicato alla *palabre* praticata presso il popolo Bolia appartenente all'etnia Mongo nell'ex Zaire, studiandone in particolar modo l'abbigliamento. Intendiamo trattare questa versione recente secondo la quale l'abbigliamento gioca una duplice funzione, simbolica ed igienica. In un primo momento, l'autore tratta della *palabre* intendendola come istituzione di regolazione sociale in cui l'abbigliamento viene usato proprio come simbolo di regolazione sociale. In un secondo momento, descrive l'abbigliamento tradizionale del popolo Bolia e il suo funzionamento come simbolo. Concretamente, la descrizione ci conduce alla natura delle unità di significato, al carattere strutturato dei significanti e dei significati, al numero dell'articolazione del sistema e al grado di arbitrarietà o di motivazione. Invece il funzionamento del sistema vestimentario dice tutto sul modo in cui l'abbigliamento tradizionale è vissuto e, quindi, sulle sue inevitabili derogazioni, legami con gli altri enti sociali e funzioni [16]. Si tratta di un contributo importante per il nostro argomento perché l'abbigliamento viene presentato come

---

[12] B. ATANGANA, *Actualité de la palabre?*, ... cit. , p. 461.
[13] *Ivi*, p. 462.
[14] G. BIKOUTA MENGA, *La palabre sterile*, Yaoundé, Clé, 1973.
[15] NGILA BOMPETI, *L'usage symbolique de l'habillement dans la palabre Bolia au Zaïre*, in «Revue africaine des sciences de la mission», n. 4 (1996), pp. 121-129.
[16] Cfr. *Ivi*, p. 122.

strumento di differenziazione dell'età dell'individuo e del suo status sociale, ma sopratutto come copri-sesso per i bambini fino a 10 anni, come copri-sesso e copri-sedere per i ragazzi dai 10 ai 30 anni, come copri-sesso, sedere e ginocchia per gli adulti dai 30 ai 50 anni, come copri-parti intime fino alle vite (cioè tra i fianchi e le spalle) per l'adulto dai 50 ai 70 anni e come copri-parti intime fino alle caviglie per i vecchi e il capo dai 70 anni. Il corpo coperto è sostenuto a livello dei fianchi da una cintura fatta con materiali vegetali o animali. Le diverse categorie portavano con loro i coltelli e le lance cerimoniali, che variavano da una categoria all'altra: l'uomo fra i 50 e 70 anni aveva il coltello Lokula, mentre i vecchi e i capi portavano altri tipi di coltelli e differenti lance. L'autore nel contributo non dice quando intervengono i corpi dei bambini, dei ragazzi, dei giovani, degli adulti, dei vecchi e capi e in che cosa possano consistere i loro interventi. Nel 1987, l'antropologo Jean Lohisse non fece meglio del suo predecessore; egli accennava all'importanza della *palabre* nella risoluzione dei problemi:

> *le droit coutumier africain repose sur l'esprit de conciliation et l'on comprend la longueur des palabres, des discussions qui, par la voie du pragmatisme, visent moins une décision argumentée, appliquée à une situation précise et limitée à une justice de code que la réalisation d'une entente. L'arbitrage est donc à la base de l'exercice de la justice et même lorsqu'il faudra porter un jugement, celui-ci, qui désignera le gagnant, parfois par des marques colorées, se voudra fruit de discussion et de compromis. L'objectif suprême poursuivi est la préservation de l'unité du groupe et c'est à éviter les ruptures irrémédiables des relations que les juges emploient le principal de leur art* [17].

Da parte sua, il teologo Chrystophe Mzee Munzihirwa paragonava la Conferenza nazionale organizzata nello Zaire d'allora alla *palabre* [18]. Lo scopo di questa conferenza era di preparare l'avvento della democrazia intesa come «*gouvernement du peuple par le peuple et pour le peuple*» [19]. Il rispetto e la promozione delle libertà fondamentali di ognuno e di tutti sono le esigenze di una vera democrazia. Quest'ultima mette fine teoricamente al potere tradizionale del sovrano e restituisce la parola alla base o al popolo che sceglie direttamente i suoi dirigenti durante l'elezione. La conferenza nazionale s'ispira al consiglio dei saggi tradizionali (chiamati anche «radici del popolo»), che erano diversi dai notabili. Tramite loro, il popolo dialogava per designare e riconoscere il sovrano. Così l'eletto riceveva indirettamente la sua autorità dal popolo che, a sua volta, accettava la scelta di questo consiglio. Da nessuna parte, l'autore parla della corporeità. L'anno successivo (1992),

---

[17] J. LOHISSE, *Le tambourineur et le scribe*, Louvain-la-Neuve, Academia, 1987, p. 41.
[18] MZEE MUNZIHIRWA, *La grande palabre que nous appelons conférence nationale*, in «Zaïre-Afrique», n. 257 (1991), pp. 343-347.
[19] *Ivi*, p. 346.

l'argomento è stato ripreso dallo scrittore André Yoka Lye Mudaba; per lui, la conferenza nazionale sovrana è stata una *palabre* stregata [20]. La riappropriazione della parola sociale stregata, il dovere e il potere del consenso sono i fondamenti maggiori della *palabre*. L'atto di esorcizzazione si è effettuato sul modello dell'auto-critica per autosuggestione, per spiegazione, per catharsis. L'autore cita la danza come orazione e invocazione della giustizia e della provvidenza nel punto I.2. (*La palabre: réappropriation de la parole piégée*) [21]. Sulla scorta dei precedenti autori, il filosofo Mayola Mavunza Lwanga fece uno studio comparato sulla retorica di Chaïm Perelman e sulla *palabre* africana nel 1993 [22], mostrando i loro elementi comuni o di continuità arrivando ad asserire che erano tutte e due retoriche logiche e teorie dei poteri. L'argomentazione particolare della *palabre* si svolge soprattutto attraverso il dibattito giudiziario con tecniche argomentative, generi letterari, enigmi, testi telecomunicati, canzonette, racconti, favole, parabole, miti, detti e soprattutto proverbi. Lo stare seduto al centro del presidente della seduta appare a proposito della *palabre* come teoria del potere. In essa si leggono le strutture sociali e politiche delle società tradizionali africane: «*Le président s'assoit au bout de part et d'autre des parties en conflit*» [23]. Egli è circondato a destra dalle persone che occupano la seconda, la quarta, la sesta posizione nella gerarchia della corte e a sinistra da quelle che occupano la terza, la quinta, la settima, e così via. Anche qui niente è detto di particolare sul linguaggio non verbale a parte l'accenno allo stare seduto. *Bases de la culture politique démocratique: entre l'agorà et l'arbre à palabre* [24] è l'articolo del filosofo Théodore Mudiji Malamba pubblicato nel 1996. Il modello di democrazia greca che si origina nella piazza pubblica *agorà* ha il suo corollario nell'albero a *palabre* africana. Qui la sovranità popolare si esercita ancora in assemblea deliberativa per risolvere i conflitti in pubblico, davanti a tutti, ricorrendo alla potenza dell'argomentazione. Come in una scuola vi si imparano le virtù di dialogo, dell'ascolto paziente seguendo le varie peripezie della saggezza e del diritto per tutti.

---

[20] A. YOKA LYE MUDABA, *La Conférence nationale souveraine au Zaïre: la palabre ensorcelée*, in «Zaïre-Afrique», n. 262 (1992), pp. 69-73.

[21] Cfr. *Ivi*, p. 70.

[22] J. MAYOLA MAVUNZA LWANGA, *De l'idéologie de la rhétorique perelmanienne à l'idéal de société de la palabre africaine*, in *Tradition, spiritualité et développement. Actes de la XIII ᵉ Semaine Philosophique de Kinshasa du 05 au 11 avril 1992*, Kinshasa, F.C.K., 1993, pp. 71-79.

[23] *Ivi*, p. 77.

[24] T. MUDIJI MALAMBA, *Bases de la culture politique démocratique: entre l'agorà et l'arbre à palabre*, in *La responsabilité politique du philosophe africain. Actes du IXème Séminaire Scientifique de Philosophie Kinshasa, du 20 au 23 juin 1993*, Kinshasa, F.C.K., 1996, pp. 157-165.

La parola occupa un posto e un' importanza privilegiati [25]. L'accenno alla corporeità viene fatto esclusivamente mediante l'ascolto paziente senza spendere una parola in più. Nel 1997, Bidima alludeva ai vantaggi della *palabre* per la società. Tramite essa, la società interrogava i suoi referenti; si metteva a distanza ed entrava in dialogo costante con sé stessa e con il suo Altro. Peraltro, l'autore evidenziava le due dimensioni della *palabre*: come scambio di parole e come dramma sociale, come procedura, come interazioni umane. «*La palabre est donc une mise en scène, mise en ordre et mise en paroles*» [26]. L'idea del dramma sociale applicata ad essa è una ripresa di Atangana come già l'abbiamo visto. Invece quella della parola sarà sviluppata dal teologo Alphonse Quenum nel 2005 (parleremo di lui più avanti). Nel 1998 Poucouta affrontava l'argomento della *palabre* africana sotto l'aspetto della riconciliazione [27] facendo un paragone tra la riconciliazione biblica e quella africana. Egli dichiara apertamente che la *palabre* «*est une force potentielle de réconciliation*» [28] e, in quanto tale, aiuta a rileggere diversamente la storia della salvezza. La storia della salvezza raccontata dai profeti è piena di *palabres* che mettono in luce la fedeltà del Signore all'Alleanza conclusa con il popolo da una parte, e l'infedeltà di costui dall'altra parte (ad esempio, Osea, 1-3; Levitico 7; Amos 5, 21-24). I soli due gesti corporei citati dall'autore, cioè lavarsi le mani e mangiare insieme, intervengono al termine della riconciliazione comunitaria per dire che l'armonia persa è stata ritrovata dalla e nella comunità [29]. Il gesto di lavarsi le mani è stato inculturato nelle liturgie africane: esso conclude numerose celebrazioni cristiane di riconciliazione e il rito penitenziale nel rito della messa congolese (zairese oggi) proposto da don Dominique Kimbembo [30]. L'autore parla anche dell'aspersione del corpo con l'acqua benedetta in altri riti in sostituzione del lavabo delle mani. L'orientamento dato all'articolo dall'autore non gli ha consentito di insistere probabilmente sull'espressione corporea durante la *palabre*. Poucouta accenna ad essa solo per mostrare la sua ripresa e la sua inculturazione nella liturgia della Chiesa. Sviluppando l'intuizione di Lohisse nel 1999, il canonista Mukabi Ngaluley Loudzou

---

[25] T. MUDIJI MALAMBA, *Bases de la culture politique démocratique: entre l'agorà et l'arbre à palabre*, in *La responsabilité politique du philosophe africain. Actes du IXème Séminaire Scientifique de Philosophie Kinshasa, du 20 au 23 juin 1993*, Kinshasa, F.C.K., p. 164.
[26] J.G. BIDIMA, *La palabre, une juridiction de la parole*, ... cit. , p. 11.
[27] P. POUCOUTA, *Palabre africaine et réconciliazione*, ... cit. , pp. 39-51.
[28] *Ivi*, p. 39.
[29] Cfr. *Ivi*, p. 42.
[30] Cfr. *Ivi*, p. 47.

ragionava sulla funzione del giudice nella *palabre* africana presso il popolo Ding [31] nella RD. del Congo. In un approccio comparato, egli si sofferma sul ruolo del giudice che consiste nel risolvere il litigio fra le parti, a consigliarle, a farle andare d'accordo, a unificare i membri delle due famiglie e a ricostruire la comunità. Paragonando il giudice della *palabre* al suo omonimo del codice del diritto canonico della Chiesa Cattolica, egli nota che il primo insiste sull'aspetto del reato-sanzioni (riparazione) e sull'abuso di queste ultime, mentre il secondo insiste sulla dimensione del reato-correzione (amore) del colpevole. Da qui la sua raccomandazione di lavorare verso un approccio integrativo della funzione del giudice che prenderebbe in considerazione i due elementi (riparazione e amore). Pur essendo interessante la riflessione, l'autore non dice niente del corpo. Lo stesso anno, il liturgista Raymond Nkindji trattava nel punto 6.4.1 del suo libro di *Le style oral et la «palabre» africaine*. Senza entrare nei dettagli sullo svolgimento di quest'ultima, sui vari interventi e sulla comunicazione corporea, egli riferiva che la *palabre* (come luogo di espressione, di rinforzamento, di fioritura della vita dell'individuo e della comunità, e come strumento di partecipazione) costituisce un grande pregio per l'Africa nel raggiungimento della finalità dalla riforma liturgica. Questa finalità consiste nella partecipazione piena, cosciente e produttiva di tutti alla vita (compresa liturgica) della Chiesa. Durante i suoi viaggi africani, Giovanni Paolo II incoraggiava gli africani a ricorrere sempre alla *palabre* africana in quanto scambio prolungato e paziente nella risoluzione degli eventuali conflitti che potevano nascere fra i membri di una comunità. Inoltre, egli aveva utilizzato personalmente la sua struttura nelle varie celebrazioni da lui presiedute nello scopo di entrare in comunione e in unione profonda con l'anima religiosa africana e di favorire la partecipazione attiva dei fedeli alla liturgia [32]. Quattro anni dopo (2003), Kembe Ejiba proponeva il metodo narrativo della *palabre* africana alla catechesi [33] e l'albero sotto il quale si organizza la *palabre* come nuovo luogo di svolgimento della catechesi. Egli concepisce la *palabre* come uno scambio di parole, come un dramma sociale, come una procedura e come interazioni umane. Non solo essa è la modalità di comunicazione radicata nell'esistenza totale ma è anche il luogo sociale e il luogo democratico di una espressione plurale. Però, etimologicamente parlando, il concetto significa

---

[31] MUKABI NGALULEY LOUDZOU, *La fonction du juge dans la palabre africaine chez les Ding. Etude comparée au rôle du juge dans les procès matrimoniaux selon les c.c. 1676-1677*, in «Revue africaine des sciences de la mission», nn. 10-11 (1999), pp. 112-143.

[32] Cfr. R. NKINDJI SAMUANGALA, *La «Liturgie africaine» de Jean-Paul II. De l'analyse des célébrations papales à leurs structures. Vers une liturgie inculturée en Afrique*, San Marino, AIEP, 1999, p. 32-33.

[33] D. KEMBE EJIBA, *Tel lieu, telle catéchèse. Catéchiser sous l'arbre à palabre en Afrique*, ... cit. , pp. 81-97.

dibattito, affare, conflitto. Anche se la preoccupazione dell'autore è di ridare vita alla catechesi consentendo ai protagonisti di recitare i racconti biblici e di attualizzare in un secondo momento questi ultimi attraverso le storie vere o mitiche che poi li aiuterebbero ad assimilare meglio gli insegnamenti ivi contenuti, il suo silenzio sulle differenti tappe della *palabre* e sulla gestualità in essa rende l'articolo incompleto. Sappiamo peraltro che il dramma sociale nella sua versione raccontata è inseparabile dal corpo. In altri termini, attraverso questo, il dramma sociale viene recitato o raccontato. Per questo motivo, l'autore avrebbe potuto anche fare cenno al corpo. Riprendendo Bidima e Lohisse, il massmedialogo Gilbert Mubangi (2005) metteva in chiara luce l'aspetto euristico della *palabre* africana. Infatti, essa si interroga sul legame sociale e cerca di consolidare ciò che permette di tenere insieme la gente, soffermandosi sulle immagini fondatrici della società in una messa in scena del vissuto [34]. Lo stesso anno, Quenum pubblicava un articolo sulla *Palabre africaine et quête de la vérité dans une Afrique morcelée* [35]. Rispondendo alle domande fategli durante l'intervista, l'autore ribadisce che la *palabre* in Africa lascia la parola esprimersi a un certo livello per tirare fuori le verità puntuali, talvolta contraddittorie. In questo senso, la parola ha la missione di essere un canale maggiore di comunicazione. Non basta solo saper parlare per convincere gli interlocutori ma anche sapere usare l'inganno, inteso come operazione intellettuale per uscire da una cattiva situazione o per aggirare le difficoltà; esso è differente dalla menzogna, che è un tradimento, un sacrilegio [36]. Poiché è radicata in terra africana, la Chiesa dovrebbe insegnare sempre la verità e dovrebbe dare testimonianza di vita alla verità per essere credibile presso i contemporanei. Purtroppo non sempre succede così. Dall'inizio alla fine dell'articolo non viene nominata l'espressione corporea fatta eccezione del cenno alla parola. Questo rappresenta il limite di questo contributo.

Da quanto precede si possono trarre due conclusioni. Innanzi tutto, l'antropologia occupandosi dell'uomo si occupa anche del corpo e delle sue espressioni. La *palabre*, come struttura di risoluzione dei conflitti sociali con la parola, pone l'uomo e i suoi interessi al centro del dibattito. È il suo bene che si cerca, che, a sua volta, è la condizione in grado di assicurare l'armonia e la pace nella comunità. Le poche espressioni corporee citate dagli

---

[34] G. MUBANGI BET'UKANY, *Système social et stratégies d'acteurs en Afrique. Les jeunes prêtres et l'Eglise du Congo*, Parigi, L'Harmattan, 2005, p. 221.

[35] A. QUENUM, *Palabre africaine et quête de la vérité dans une Afrique morcelée*, in «RUCAO : Parole et vérité», n. 24 (2005), pp. 87-96.

[36] *Ivi*, p. 88.

autori, quali il lavaggio delle mani, l'aspersione del corpo con l'acqua (come segni di conclusione della riconciliazione e del conflitto) e lo stare seduto in mezzo, a nostro parere, sono la dimostrazione che l'antropologia presso gli Yansi si occupa anche del corpo e se ne occupa in vari modi. Questa affermazione-tesi, che si fonda a partire dallo studio di un caso particolare (la *palabre*), merita di essere verificata al livello universale. Per «livello universale» intendiamo lo studio dell'antropologia simbolica del corpo ponendo l'attenzione sulla performance nel contesto del dramma sociale e dell'incorporazione. Questo sarà l'argomento da trattare nel secondo capitolo.

Di seguito, il fatto che la maggioranza degli autori, che hanno scritto sulla *palabre* africana, non alludono all'espressione corporea e il fatto che coloro che ne parlano ci informano poco o niente su di essa costituiscono giusti stimoli per intraprendere una riflessione sistematica su tale questione. Vogliamo quindi consacrare il terzo capitolo ad essa.

CAPITOLO SECONDO

ANTROPOLOGIA DEL CORPO

Introduzione

L'antropologia ha un grande interesse per il corpo umano. Ciò si vede attraverso le varie ricerche in cui il corpo è stato studiato nei suoi differenti aspetti: abbigliamento; estetica, parrucca; bio-potere; bullismo e mutilazioni sessuali; corpo e conoscenza; corpo e cosmo; corpo individuale e quello sociale; cura del corpo (igiene); educazione; genere, status, età; gestualità; identità, identità religiosa; incorporazione; interdizioni o prescrizione; malattia; morte; possessione; regole alimentari; salute; sessualità, riproduzione; sport; traffico e restituzione dei resti umani; trasgressione sociale e corpo, e così via.

In questo capitolo ci soffermiamo sul concetto di *habitus* e di incorporazione, sulla gestualità e sulla performance. Questi temi sono stati scelti per la loro connessione con la corporeità e la drammaticità, due argomenti centrali in questo nostro lavoro.

2.1. Habitus

Nella sua pratica della teoria intesa come il modo di generazione delle pratiche, il socio-antropologo Bourdieu definisce così gli *habitus*:

> sistemi di disposizioni durature, strutture strutturate predisposte a funzionare come strutture strutturanti, vale a dire in quanto principio di generazione e di strutturazione di pratiche e di rappresentazioni che possono essere oggettivamente "regolate" e "regolari" senza essere affatto il prodotto dell'obbedienza a delle regole, oggettivamente adattate al loro scopo, senza presupporre l'intenzione cosciente dei fini e il dominio intenzionale delle operazioni necessarie per raggiungerli e, dato tutto questo, collettivamente orchestrate senza essere il prodotto dell'azione organizzatrice di un direttore d'orchestra [37].

Secondo la citazione, essi sono insiemi di disposizioni solidi, non_improvvisati che servono da principio per generare e strutturare le pratiche e le rappresentazioni che si possono regolamentare liberamente senza costrizione alcuna di finalità intenzionale, o di mezzo per arrivarvi, coordinate da un organo comandante. Sono prodotti da strutture che costituiscono un determinato tipo d'ambiente (per esempio, le condizioni materiali caratterizzanti una

[37] P. BOURDIEU, *Per una teoria della pratica con Tre studi di etnologia cabila*, Milano, Raffaello Cortina, 2003, pp. 206-207.

condizione di classe) e possono essere empiricamente colte sotto forma di regolarità associate a un ambiente ben strutturato socialmente. Nella sua qualità di principio generatore di strategie, l'habitus produce delle pratiche che consentono di affrontare situazioni impreviste e rinnovate in continuazione. A volte danno l'impressione di essere determinate dai fini espliciti e apertamente posti di un progetto o di un piano. La realtà invece è che sono determinate dalle condizioni passate della produzione del loro principio di produzione. In tal modo sono sempre portate a riprodurre le strutture oggettive di cui sono alla fine del conto il prodotto.

Inoltre, la concatenazione di "mosse" che sono oggettivamente organizzate come strategie senza essere assolutamente il prodotto di una vera intenzione strategica ha come origine l'*habitus*. Le risposte di quest'ultimo s'accompagnano a volte da un calcolo strategico che tende a realizzare quasi coscientemente l'operazione che l'*habitus* realizza in un altro modo (cioè una stima delle possibilità presupponendo la trasformazione dell'effetto passato in avvenire scontato). Esse si definiscono innanzi tutto rispetto a un campo di potenzialità oggettive che sono subito iscritte nel presente (cose da fare o da non fare), poi rispetto a un "avvenire" che si offre con un'urgenza e una pretesa di esistere che esclude la deliberazione.

Le strutture dell'*habitus* sono prodotte dalle stime pratiche che attribuiscono un peso eccessivo alle prime esperienze, in quanto sono le strutture che caratterizzano un dato tipo di condizioni esistenziali, attraverso la necessità socio-economica, le fanno pesare sull'universo abbastanza autonomo delle relazioni familiari o, meglio, attraverso le manifestazioni specificamente familiari di questa necessità esterna (ad esempio, i divieti, le preoccupazioni, le lezioni morali, i conflitti, i gusti, e così via). Sono queste strutture dell'*habitus* l'origine della percezione e della valutazione di qualsiasi esperienza avvenire. Se l'ambiente in cui si confrontano, in realtà, si trova molto distante da quello in cui sono adattate in tutta oggettività, le pratiche si espongono sempre alla possibilità di ricevere sanzioni negative [38]. Inoltre, i confini generazionali contrappongono gli *habitus* che sono stati prodotti a seconda delle modalità diverse di generazione. In poche parole, sono le condizioni di esistenza che fanno passare per naturali o ragionevoli alcune pratiche o, viceversa, aspirazioni che sono impensabili o scandalose, che producono gli *habitus*.

Bourdieu pone qui il problema del cambio e del conflitto generazionale, e delle loro conseguenze sul piano pratico: l'inadattabilità di alcuni *habitus* alla situazione presente, essendo scaduto sia l'ambiente della loro nascita sia delle pratiche d'allora; perciò va

---

[38] Cfr. P. BOURDIEU, *Per una teoria della pratica con Tre studi di etnologia cabila* ... cit. , p. 210.

abbandonata oppure aggiornata. Tale inadattabilità è all'origine della maggioranza dei tribunali di riconciliazione e di pace soprattutto nella società tradizionale. I vecchi rappresentano l'antichità, la tradizione, mentre i giovani la modernità. Per i primi, bisogna agire come hanno sempre fatto gli antenati. Gli *habitus* sono sempre quelli e devono rimanere tali o intatti, come vedremo. Il cambiamento nella tradizione dovrebbe consistere nell' eliminare dalla pratica della *palabre* quegli *habitus* introdotti dalle generazioni presenti (o future nel confronto degli antenati). I secondi aspirano anche al cambiamento, soprattutto a modificare gli *habitus* che opprimono le libertà individuali e violano l'intimità familiare e individuale. Allora emerge un conflitto che conduce soprattutto i giovani a disinteressarsi della pratica attuale della *palabre* e la cui soluzione sembra ancora lontana.

Bourdieu sostiene invece che vanno abbandonate tutte quelle teorie che considerano, in modo esplicito o no, le pratiche come una reazione meccanica, determinata direttamente dalle condizioni anteriori e ridotte totalmente al funzionamento meccanico di montaggi già stabiliti. Occorre considerare la situazione nella sua attuazione presente (o puntuale). La pratica sul campo non solo è necessaria ma è anche abbastanza autonoma in quanto rappresenta il prodotto della relazione dialettica esistente tra una situazione e un *habitus*,

> inteso come un sistema di disposizioni durature e trasferibili che, integrando tutte le esperienze passate, funziona in ogni momento come matrice delle percezioni, delle valutazioni e delle azioni, e rende possibile il compimento di compiti infinitamente differenziati, grazie al trasferimento analogico di schemi che permettono di risolvere i problemi aventi la stessa forma e grazie alle correzioni incessanti dei risultati ottenuti, che sono esse stesse prodotte in modo dialettico da quei risultati [39].

La pratica concreta sul campo è differente dall'*habitus*. Deve essere flessibile, cioè avere la capacità di adattarsi alla situazione presente ed essere all'ascolto del secondo che serve da illuminatore (con tutte le sue esperienze passate). Intendiamo dire che l'*habitus* fa alla pratica ciò che la storia fa all'uomo: si va a cercare nel passato ciò che è stato prodotto e come è stato risolto, allo scopo di illuminare l'uomo del presente, per meglio proiettarsi nel futuro. Se l'*habitus* non lascia spazio all'improvvisazione una volta già stabilita (perché è regolamentato e regolarizzato), esso tuttavia è anche apertura nel senso di disposizione a aggiornarsi. Quindi può cambiare nel presente, come nel futuro, a seconda dei contesti e delle situazioni. Questo punto è importante perché ci permetterà di capire meglio il funzionamento della *palabre* soprattutto nella fase decisionale dove viene fatto sempre riferimento alla

[39] P. BOURDIEU, *Per una teoria della pratica con Tre studi di etnologia cabila* ... cit. , p. 211.

soluzione della *palabre* precedente concernente lo stesso problema.

Peraltro, nella sua qualità di principio generatore durevolmente costruito di improvvisazioni regolate, l'*habitus* produce le pratiche che non sono direttamente deducibili dalle condizioni oggettive (definite al momento come somma di stimoli), che sembrano averle direttamente attivate e dalle condizioni che hanno prodotto il principio durevole della loro produzione. In conclusione, tali pratiche si giustificano solo a condizione di mettere in relazione la *struttura oggettiva*, che definisce le condizioni sociali di produzione dell'*habitus* che le ha generate, e le condizioni dell'attivazione di tale *habitus* cioè con la *congiuntura* che rappresenta, salvo una radicale trasformazione, uno stato particolare di questa struttura. L'*habitus* funziona come un operatore che effettua la messa in relazione di questi due sistemi di relazioni attraverso la produzione della pratica, perché è storia fatta natura; cioè negata come tale perché è realizzata in una seconda natura: infatti, "l'inconscio" non è niente altro che l'oblio della storia prodotto dalla storia stessa, incorporando le strutture oggettive da essa prodotte negli *habitus*.

Il nostro corpo intrattiene un rapporto reciproco con il mondo. La pratica viene intesa come «il sito dialettico di *opus operatum* e *modus operandi*». La dialettica è simultaneamente prodotta dalla realtà sociale da parte del mondo e del corpo. L'*habitus* è *locus* dell'agenzia ("*agency*") nel rapporto tra il nostro corpo e il nostro mondo; è una matrice definita da una familiarità confortevole e da una determinazione anonima [40]; è storia corporativa, interiorizzata come seconda natura e, dunque, storia dimenticata [41]. Essendo le azioni limitate da condizioni oggettive, esse producono disposizioni durevoli più o meno adattate già alle esigenze di queste condizioni. Di conseguenza, la necessità si trasforma in una virtù. I comportamenti di buon senso sono generati dall'*habitus*. Quelli improbabili (o pratiche) sono non solo esclusi ma anche impensabili. L'*habitus* genera in continuazione i prodotti (pensieri, percezioni e azioni) i cui limiti sono stabiliti dalle condizioni storicamente e socialmente situate nella sua produzione. La libertà condizionata che fornisce è lontana dalla creazione di novità imprevedibili e dalla semplice riproduzione meccanica del condizionamento originale. Fondato sul potere e limitato da esso, l'*habitus* ha la capacità di adattarsi a un futuro probabile che attende e aiuta a creare. L'antropologo Roberto Malighetti fa risalire alla scolastica medioevale il termine *habitus*. Secondo lui, Bourdieu congiunge il suo significato originario

---

[40] Cfr. T.J. CSORDAS, *Fenomenologia cultural corporeidade: agência, diferença sexual, e doença*, in «Educaçâo», XXXVI, n. 3 (2013), p. 294.
[41] Cfr. *Ivi*, p. 295.

con la nozione marxiana di prassi e attribuisce al corpo un ruolo centrale nella fondazione della vita sociale, attraverso il duplice processo di interiorizzazione dell'esteriorità e di esteriorizzazione dell'interiorità [42].

L'antropologo Marcel Mauss aveva colto con finezza questo aspetto, a proposito delle *tecniche del corpo*. Secondo lui, il corpo è nel contempo biologico e costrutto artificiale e *poietico*. Esso si appropria intimamente dei saperi pratici che presiedono alla sua costruzione socioculturale e arriva a "naturalizzarli". In effetti vive i gesti, le mimiche e i comportamenti attinti dall'esperienza sociale come fossero ovvi e spontanei [43]. La mobilità appare qui come la caratteristica del corpo. Questo è dinamico e integra alle differenti tappe dello sviluppo umano le tecniche del corpo in vigore in una data società. Il corpo realizzato, in questa condizione, è quello che impara meglio gli insegnamenti circa le tecniche corporee e chi sa accogliere nello stesso tempo i cambiamenti introdotti nel tessuto sociale. Il corpo individuale apprende sempre le tecniche del corpo della società di vita dell'individuo, che vengono insegnate a costui dalla stessa società. Si potrebbe obiettare contro Mauss dicendo che la comunità è composta dai singoli individui. Potrebbe capitare che un individuo inventa una tecnica corporea che viene in seguito assunta dalla collettività e tramandata di generazione in generazione, come spesso accade nella scienza.

Bourdieu eredita da lui non solo la concezione del corpo ma anche la stessa comprensione della nozione d'*habitus*:

> *J'ai donc eu pendant de nombreuses années cette notion de la nature sociale de l' "habitus". Je vous prie de remarquer que je dis en bon latin, compris en France, "habitus". Le mot traduit, infiniment mieux qu' "habitude", l' "exis", l' "acquis" et la "faculté" d'Aristote (qui était un psychologue). Il ne désigne pas ces habitudes métaphysiques, cette "mémoire" mystérieuse, sujets de volumes ou de courtes et fameuses thèses. Ces "habitudes" varient non pas simplement avec les individus et leurs imitations, elles varient surtout avec les sociétés, les éducations, les convenances et les modes, les prestiges. Il faut y voir des techniques et l'ouvrage de la raison pratique collective et individuelle, là où on ne voit d'ordinaire que l'âme et ses facultés de répétition* [44].

Aristotele conosceva il concetto d'*habitus* e gli aveva dato il significato di *exis*, di acquisito, di facoltà. Anche lui lo usa in questo senso. Sarebbe quindi erroneo tradurlo con "abitudine". Le tecniche fanno parte degli *habitus*. Mauss continua facendo due affermazioni importanti.

---

[42] Cfr. R. MALIGHETTI-A. MOLINARI, *Il metodo e l'antropologia. Il contributo di una scienza inquieta*, Milano, Raffaello Cortina, 2016, p. 199.
[43] Cfr. M. MAUSS, *Les techniques du corps* (1934), in «Journal de Psychologie», XXXII, n. 3-4 (1936), p. 24.
[44] *Ivi*, p. 8.

La prima è che le tecniche del corpo, quindi gli habitus, s'imparano nella società che le genera. E l'educazione gioca un ruolo primordiale per il loro apprendimento. Fare adattare il corpo al suo uso, tale è l'educazione fondamentale di tutti i vari tipi di tecniche: l'autore propone una divisione delle tecniche del corpo tra i sessi, una variazione delle tecniche del corpo con le età, una classifica delle tecniche del corpo rispetto al rendimento, alla natura dell'educazione e al "*dressage*" ricevuti. Nella biografia delle tecniche del corpo, egli include le tecniche della nascita e dell'ostetrica, quelle dell'infanzia, quelle dell'adolescenza, quelle dell'età adulta (tecniche del sonno; veglia: tecniche del riposo; tecniche dell'attività, del movimento; tecniche delle cure del corpo. Sfregamento, lavaggio, saponata; tecniche del consumo. Mangiare; tecniche della riproduzione; tecniche delle cure, dell'anomalo: massaggi, così via). Secondo lui, il corpo è nel contempo il primo e il più naturale oggetto tecnico, e il mezzo tecnico dell'uomo [45].

Anche lo *Nsang* come scuola di apprendimento ha a cuore la preoccupazione di educare la popolazione, soprattutto i giovani, alla sua pratica, alla sua saggezza, alla sua disciplina e al suo linguaggio non verbale, come si vedrà nel capitolo successivo. Tutti sono coinvolti fisicamente a parteciparvi e a prendere la parola rispettando l'ordine stabilito. In particolare, i giovani sono coinvolti nella fase decisionale a esprimere i loro pareri mentre si aspetta la conclusione della delibera del consiglio dei giudici-notabili. Quello che fa una buona valutazione del dibattito gode dei complimenti e incoraggiamenti degli adulti, mentre quello che non parla bene viene preso in giro (un altro modo di incoraggiarlo a parlare meglio la prossima volta). In questo senso dobbiamo anche interpretare l'associazione dei giovani capi di raggruppamento e dei giovani giudici nella risoluzione dei conflitti durante lo *Nsang*.

La seconda affermazione di Mauss è che gli habitus possono cambiare da una società a un'altra, come varie sono le società. Ad esempio, hanno assistito a una tecnica del tuffo e a una tecnica dell'educazione al tuffo ai suoi tempi. Oltre all'insegnamento tecnico, c'è stato un apprendimento del nuoto come tecnica. Parlando della propria esperienza, egli dice che gli insegnarono a tuffarsi dopo aver nuotato. Gli dicevano al momento dell'apprendimento del tuffo come doveva chiudere gli occhi, poi aprirli dentro l'acqua. Oggi la tecnica avviene al contrario. L'apprendimento inizia abituando il bambino a tenersi nell'acqua con gli occhi aperti. Prima di nuotare, i bambini si esercitano così a domare i pericolosi riflessi istintivi degli occhi, ~~si~~ familiarizzano con l'acqua, inibiscono le paure, creano una certa sicurezza,

[45] Cfr. M. MAUSS, *Les techniques du corps*, pp. 10-11.

selezionano gli arresti e i movimenti. Come si vede, le tecniche del corpo sono insegnate nella società e cambiano col tempo [46]. La società, ma anche l'educazione individuale ricevuta, possono decidere di modificarle tutte o qualcuna. Mauss le definisce come *«les façons dont les hommes, société par société, d'une façon traditionnelle, savent se servir de leur corps»* [47]. Si tratta dei modi tradizionali di cui si servono dei loro corpi gli uomini di ciascuna società. Su questo punto, la tradizione africana del *Nsang* ha qualcosa da imparare da Mauss. Come già abbiamo accennato, le pratiche e gli *habitus* del *Nsang* non si modificano e anche volendo, nessuno si prende il coraggio e il rischio di modificarli. La stessa gestualità si ritrova durante il suo svolgimento in tutto il territorio di_Bampila ad esempio, in modo tale che i presenti abituali non solo la riconoscono ma sanno anche già ciò che significa. E ciò, nonostante il fatto che i tempi e i contesti della sua nascita siano cambiati e il fatto che qualcuna possa (eventualità) ferire la sensibilità di certi partecipanti (quindi non sia più adatta alla situazione odierna). Questa affermazione ci introduce all'argomento dell'incorporazione.

2.2. Incorporazione

A partire dagli anni Novanta il concetto di incorporazione ("*embodiment*") ha occupato una posizione centrale in seno alla riflessione antropologica. C'è un interesse per le dimensioni socioculturali della corporeità. Questa diventa oggetto privilegiato di costruzione culturale. Il momento fondativo degli studi sull'incorporazione è il breve saggio di Mauss, *Les techniques du corps*. L'incorporazione indica i processi di plasmazione sociale e politica della corporeità [48]. La cultura modella nel corpo i tratti, i gesti e i comportamenti, perfino la definizione dell'essere umano. Essa fa del corpo il simbolo incarnato della società. In questo modo, il corpo viene liberato dalla concezione biologica che lo riduceva al substrato materiale della persona; quindi al ricettacolo inerte e passivo delle pratiche e dei poteri socioculturali. Questa è la visione cartesiana dell'uomo inteso come mente pensante legata a un meccanismo corporeo, che riproduceva l'antropologia del corpo. D'allora la corporeità ha assunto il carattere culturale. L'antropologa Anna Maria Di Miscio critica la riduzione del corpo a oggetto plasmato da dinamiche sociali e storiche facendone oggetto di

[46] Cfr. M. MAUSS, *Les techniques du corps*... cit. , p. 6.

[47] *Ivi*, p. 5.

[48] R. MALIGHETTI-A. MOLINARI, *Il metodo e l'antropologia. Il contributo di una scienza inquieta* ... cit. , pp. 188-189.

forti critiche:

> Ma ridurre il corpo a oggetto plasmato da dinamiche sociali e storiche vuol dire negare l'attività di produzione corporea di significati e pratiche sociali, non vedere la produttività corporea nella processualità dialettica tra corpo individuale, portatore di esperienza soggettiva, corpo sociale, oggetto di rappresentazioni simboliche e pratiche discorsive, e corpo politico come luogo del controllo del Biopotere sui corpi [49].

Il corpo viene considerato come il prodotto delle pratiche sociali e politiche. Ma è anche interpretato come il loro produttore. Vive in una tensione dialettica tra corpo individuale, simbologie culturali e assetti sociali. Questa tensione possiamo notarla nel caso della malattia, ad esempio. Nei contesti di povertà e di esclusione sociale, la malattia viene interpretata come effetto devastante dei poteri forti sulla marginalità e come espressione dell'esperienza di marginalità, come incorporazione di condizioni precarie di esistenza. Csordas riconosce che il paradigma dell'incorporazione è stato meglio elaborato nell'analisi culturale della salute e della malattia [50]. In essa, non solo la corporeità è stata problematizzata più apertamente ma anche è stata problematizzata in modo tale «da avere una rilevanza culturale ampia e pervasiva» [51]. La maggioranza degli studi fatti in questo campo sono stati influenzati dalla fenomenologia. Essi hanno tutti una sensibilità sul corpo inteso come base esistenziale della cultura. Oltre a trattare della malattia, le loro affermazioni riguardano il sé, le emozioni, la religione, i significati, il cambiamento, le interazioni sociali, le forme istituzionali di controllo [52] dell'esperienza e l'interazione tra esseri umani e tecnologia.

Ataman non descrive il rapporto tra corpo individuale, simbologie culturali e assetti sociali in termini di "tensione dialettica", piuttosto preferisce usare la parola "interazione". L'antropologa Claudia Mattalucci-Yilmaz asserisce che, secondo Ataman, «i corpi sono il prodotto dell'interazione tra pratiche culturalmente codificate ed esperienze personali, tra dispositivi di controllo che il potere esercita sui soggetti individuali e strategie di resistenza che questi stessi soggetti elaborano» [53]. Per conto suo, Csordas ne parla in termini di circolarità: il rapporto tra corpi e cultura s'iscrive in una specie di circolarità. In effetti, i corpi

---

[49] A.M. DI MISCIO, *Ripensare il corpo, Antropologia dal corpo, Antropologia del corpo. Thomas Csordas, Nancy Scheper Hughes, Ivo Quaranta*«»

[50] Ad esempio, le pubblicazioni di I. QUARANTA, *AIDS, sofferenza e incorporazione della storia a Nso' (provincia del Nord-Ovest del Camerun)*, in «Antropologia», III , n. 3 (2003), pp. 43-74; I. ROSSI, *La malattia cronica come marchio del corpo*, in «Antropologia», ... cit. , p. 75-91.

[51] R. MALIGHETTI-A. MOLINARI, *Il metodo e l'antropologia. Il contributo di una scienza inquieta* ... cit. , p. 26.

[52] Ad esempio, le pubblicazioni di A. FAVOLE, *Appropriazione, incorporazione, restituzione di resti umani: casi dall'Oceania*, in «Antropologia» ... cit. , pp. 121-139; M. PANDOLFI, *Le arene politiche del corpo*, in «Antropologia» ... cit. , p. 141-154.

[53] C. MATTALUCCI-YILMAZ, *Introduzione*, in «Antropologia» ... cit. , pp. 5-6.

esercitano una influenza sui processi storici e culturali; cioè essi reagiscono ai sistemi di autorità e di controllo che sono alla base della normalizzazione dell'azione sociale. A sua volta, oltre a determinare i gesti, le posture e i movimenti, la cultura crea i corpi; li modifica dall'interno e marca la loro superficie esterna [54].

Di Miscio continua dicendo che il corpo è strettamente unito alla mente (*"mindful body*"). La percezione e organizzazione della realtà hanno le loro radici nell'esperienza del corpo, precisamente in saperi e tecnologie incorporate. Vale a dire che l'esperienza di incorporazione di tecnologie e saperi sarebbe il fondamento della percezione e dell'organizzazione della realtà. Il sapere attinto dall'esperienza individuale e sociale, comune e condivisa viene assorbita dal corpo che poi impara a prendere posizione sulla scena sociale: infatti, a partire da processi di apprendimento, di socializzazione primaria e secondaria (Mauss, 1950), il corpo incorpora le tecnologie della cultura, le tecniche del sesso, del camminare, del lavarsi, del partorire e del mangiare. Esso serve da strumento mentre il gesto è tecnica [55].

L'apporto della fenomenologia e della filosofia esistenzialista è stato determinante. Il filosofo Maurice Merleau-Ponty, ad esempio, sostiene apertamente che il corpo proprio non si riduce a un aggregato di particelle onde rimarrebbe in sé ciascuna particella. Esso non può neanche essere ridotto a un intreccio di processi che sarebbero definiti una volta per sempre. In effetti, esso secerne in se stesso un senso proprio, lo proietta sul mondo circostante fatto di materia e lo comunica agli altri soggetti incarnati. Per esprimere l'intenzione, il corpo diventa pensiero o l'intenzione che significa. Esso mostra, parla [56]. Il corpo è diverso dall'oggetto. La coscienza che abbiamo del corpo è diversa dal pensiero. Esso cambia costantemente (non è mai chiuso in sé) e non è mai superato. L'unico modo di conoscere il mio corpo proprio e quello dell'altro è di viverlo. E viverlo significa appropriarsi del dramma che lo attraversa e confondersi con esso. Noi siamo i nostri corpi perché abbiamo un'esperienza e, nel contempo, i nostri corpi sono come dei soggetti naturali, abbozzi provvisori del nostro essere totale [57]. Dunque, la corporeità è fonte di significazione.

Gli esiti dell'analisi fenomenologica del vissuto percettivo consentono a Csordas di pensare all'incorporazione come un processo attivo di posizionamento *del* mondo e *nel*

---

[54] Cfr. T.J. CSORDAS, *Incorporazione e fenomenologia culturale*, in «Antropologia» ... cit. , p. 20.
[55] Cfr. A.M. DI MISCIO, *Ripensare il corpo, Antropologia dal corpo* ... cit. , consultato il 20.01.2020.
[56] Cfr. M. MERLEAU-PONTY, *Fenomenologia della percezione*, Milano, Bompiani, [4]2009, p. 270.
[57] Cfr. *Ivi*, p. 271.

mondo e come dimensione originaria della soggettività. Rivelano che il corpo non è *partes extra partes*, un oggetto tra oggetti, bensì la condizione in virtù della quale possiamo avere degli oggetti, ossia possiamo costruire una struttura oggettuale della realtà [58]. È pensato come presenza e progetto, come essere-nel-mondo, come incorporazione dell'esperienza e delle identità, e come incorporazione delle modalità di abitare e muoversi nello spazio, di vivere l'esperienza culturalmente determinata dalla salute, dalla malattia e dalla morte. C'è da un lato il condizionamento delle strutture che sovrastano il soggetto; dall'altro, c'è la dimensione agentiva della produzione corporea della cultura, cioè la coesistenza nel soggetto della mera riproduzione di codici comportamentali e relazionali "naturalizzati" dalla Biomedica e dalla Teologia Cristiana, e un posizionamento critico rispetto alle forme in cui si ritrova costretto [59]. Merleau-Ponty aveva offerto una indicazione fondamentale, tuttavia non ha elaborato una riflessione sistematica sul "preoggettivo" ("pre-astratto" ma non "pre-culturale") e il "culturale". Perciò, Csordas si richiama a Bourdieu che, nella teoria della pratica, connette incorporazione e società. In particolare, prende dal socio-antropologo francese la nozione di *habitus*.

Bourdieu parla dell'incorporazione della cultura come la possibilità di essere condizionati (nel senso inglese di "*cultivation*"). Essa è la condizione di possibilità della cultura. Il ruolo fondamentale dell'educazione primaria (è in realtà l'apprendistato) corporea della socializzazione o di uno " stile", di un modo particolare di "portare il corpo" (*hexis* corporea) è la conseguenza di tutto ciò. Ricordiamo che, prima di lui, Mauss aveva parlato dell'educazione ai modi di agire (o tecniche del corpo). Nancy Scheper-Hughes critica Bourdieu dicendo che, enfatizzando questi aspetti, «appende l'ordine corporeo allo stenditoio degli imperativi culturali e tecnici» [60]. In altre parole, il corpo era trattato da lui come un ricettacolo passivo di iscrizione culturale. Perciò, essa categorizza la visione di Bourdieu tra gli studi che chiama la "positività" del corpo. Si tratta di una prospettiva che corrisponde all'antropologia del corpo come definita da Csordas. L'incorporazione in questa prospettiva sarebbe, per Bourdieu, la semplice "somatizzazione" della cultura. Nella sua riflessione, in effetti, egli tratta poco della dimensione propriamente agentiva della corporeità. La sua analisi dei rapporti tra *habitus* e "campo" si concentra soprattutto sulla comprensione delle ragioni

---

[58] Cfr. R. MALIGHETTI-A. MOLINARI, *Il metodo e l'antropologia. Il contributo di una scienza* ... cit. , p. 199.
[59] A.M. DI MISCIO, *Ripensare il corpo, Antropologia dal corpo* ... cit. , consultato il 20.01.2020.
[60] Nancy Scheper-Hughes citato da R. MALIGHETTI-A. MOLINARI, *Il metodo e l'antropologia* ... cit. , p. 201.

“sociali” delle pratiche che sono particolari. La sua prospettiva di fondo olistica è più attenta a evidenziare le regolarità sociali degli schemi incorporati [61].

Per Csordas, l’incorporazione è una condizione esistenziale in cui il corpo è la fonte soggettiva e il terreno intersoggettivo dell’esperienza. Con la soggettivazione del corpo cambia anche la prospettiva sul rapporto corpo-cultura. I corpi sono culturalmente plasmati e producono esperienze e significati. L’azione sociale e la cultura hanno come fondamento il corpo. In generale, l’incorporazione è uno dei temi che manifestano il grande interesse per le dinamiche che accordano il valore alla dimensione agentiva delle soggettività. La ricerca antropologica si sofferma sugli scenari che prendono come protagonisti i corpi. Ad esempio, gli sviluppi delle biotecnologie, la mercificazione dei fluidi e degli organi corporei, le pratiche di modificazione somatica, le questioni identitarie sollevate dal trattamento politico dei corpi dei migranti e dei rifugiati. Le dimensioni soggettive, fluide e indeterminate dell’azione sociale, lo studio del modo in cui i significati culturali sono riprodotti, trasformati o contestati a livello delle esperienze individuali e collettive, diventano i punti focali dell’analisi etnologica. Il luogo privilegiato di soggettivazione è il corpo. Per elaborare i significati culturali attraverso l’uso e il vissuto del proprio corpo, l’individuo partecipa attivamente.

Inoltre, l’incorporazione come “terreno metodologico indeterminato” è definito dall’esperienza percettiva e dalle forme di presenza e di impegno nel mondo. Invece, la corporeità s’iscrive nel registro della soggettivazione. L’elaborazione e la trasformazione del sapere antropologico vengono innescate dalla connessione tra corpo e soggettività. La strada per una riconsiderazione della corporeità si apre; il corpo è lo strumento metodologico cioè soggetto e oggetto di ricerca. In altri termini, l’incorporazione come condizione esistenziale dell’uomo si occupa anche del ricercatore. Poiché si conosce dal corpo, il soggetto conoscente cessa di essere neutro. Soprattutto si posiziona criticamente di fronte ai paradigmi classici della teoria della conoscenza. Si passa dall’incorporazione come oggetto di analisi all’incorporazione come metodo di ricerca. La cultura si studia partendo dai corpi che la compongono e dal corpo che si è. L’interpretazione culturale viene recepita come il frutto di una pratica intercorporea. Il corpo del ricercatore viene analizzato nella sua interazione con altri corpi [62]. Esso è un soggetto della cultura e non più un *oggetto* da studiare in relazione alla cultura. Tale principio ontologico ed epistemologico considera l’incorporazione come “la

---

[61] Cfr. R. MALIGHETTI-A. MOLINARI, *Il metodo e l’antropologia. Il contributo di una scienza …* cit. , pp. 201-202.
[62] Cfr. *Ivi*, p. 192.

condizione esistenziale" dell'uomo ed esamina la cultura e l'esperienza in quanto possono essere comprese dal punto di vista dell'essere-nel-mondo corporeo.

Il paradigma dell'incorporazione è un invito a interrogarsi sul carattere corporeo della cultura e sul radicamento dei processi culturali nell'esperienza vissuta intercorporea. Il corpo vissuto è un punto di partenza metodologico. L'incorporazione non ha bisogno di dati speciali, diversi o corporei particolari. Non s'interessa dell'osservazione del comportamento non verbale o dell'invenzione di una tecnica che servirebbe a misurare le essenziali e misteriose emanazioni esistenziali dall'essere e dal corpo. Piuttosto, orienta a fissare l'attenzione sull'esperienza corporea immediata anche quando le tecniche classiche incentrate sulla verbalizzazione vengono usate. Chiama a rendere fine la percezione su un insieme di attitudini corporee (la postura, il portamento, la corporatura) che mirano a restituire la dimensione esperienziale intercorporea in modo più efficace delle descrizioni verbali e dei significati già costituiti, e l'immediatezza incorporata del vissuto. L'innovazione del suo metodo consiste nell'affermare che la costruzione di una fenomenologia culturale dovrebbe occuparsi del corpo e occuparsene con il corpo. Si vede qui come Csordas radicalizza in senso etnografico l'intuizione di Mauss per cui «*Le corps est le premier et le plus naturel instrument de l'homme*» [63] cioè «Il corpo è il primo e più naturale strumento dell'uomo». In altri termini, il corpo va introdotto nel metodo. Ne consegue che il ricercatore non è più considerato «come uno spettatore incorporato, implicato nella realtà che indaga e a cui, in questo modo, partecipa». L'incorporazione come paradigma metodologico ripensa la pratica etnografica sulle tracce del postmodernismo. Csordas considera le questioni chiavi del posizionamento del ricercatore e la natura negoziale della conoscenza antropologica focalizzando la sua attenzione sulla riflessività incorporata sul campo :

> Da questa prospettiva il ricercatore dirige l'attenzione analitica verso il proprio corpo impegnato nell'esperienza di ricerca e lo utilizza per accedere all'essere nel-mondo degli altri. Con ciò, il processo intercorporeo prodotto dall'interazione viene catturato nella sua immediatezza esistenziale, per essere tradotto, successivamente, in quell'insieme di astrazioni oggettivate che sono le interpretazioni antropologiche delle interpretazioni native [64].

In definitiva, il paradigma dell'incorporazione secondo Csordas rende conto della configurazione culturale dell'esperienza corporea e della costruzione intersoggettiva del significato attraverso quell'esperienza. Come scrive Di Miscio, l'incorporazione per lui è

---

[63] M. MAUSS, *Les techniques du corps* ... cit. , p. 10.

[64] R. MALIGHETTI-A. MOLINARI, *Il metodo e l'antropologia. Il contributo di una scienza* ... cit. , pp. 205-206.

innanzi tutto una disposizione del corpo a farsi strutturare dal contesto sociale. Di seguito, è una capacità di produrre altre e differenti rappresentazioni del corpo, del mondo e della realtà sociale. È il risultato di una retroazione tra percezione, rappresentazione e azione; il risultato di una iscrizione nel corpo di ampi processi sociali e il risultato di produzioni individuali del sé, del corpo, dell'agire intenzionale del corpo nel mondo [65]. Si riferisce alla produzione corporea di forme culturali e storiche. Si riferisce anche alle pratiche discorsive e culturali incorporate che diventano nella gestualità, nella postura, nel movimento codice del corpo. È infine una condizione. E in essa il corpo viene prodotto nella intersezione tra dimensione soggettiva e intersoggettiva dell'esperienza, tra esperienza individuale del corpo e testi che formano e informano i codici comportamentali e vesti mentali; tra interdizioni e prescrizioni che circoscrivono la sessualità, i confini del desiderio. In poche parole, l'incorporazione è un processo d'inclusione, d'integrazione della corporeità nelle dinamiche socioculturali e storiche. Adesso cerchiamo di capire come viene presentato l'argomento della gestualità.

2.3. Gestualità

I paragrafi precedenti hanno illustrato come l'antropologia dal corpo (specialmente di Csordas e di Bourdieu) è stata influenzata dall'approccio antropologico di Mauss e dalla fenomenologia di Merleau-Ponty. Ci sembra quindi naturale iniziare questo paragrafo sulla gestualità partendo proprio da questi due autori.

Mauss ha sviluppato una trattazione sistematica ed estesa sull'espressione corporea. È vero che dedica il suo noto saggio *Les techniques du corps* (già citato) ai vari modi di agire del corpo umano (li chiama appositamente "tecniche del corpo"). Però riguardano tutti i gesti e gli atteggiamenti del corpo. Sono atti della tradizione efficaci. Non sono identici a tutte le società umane. Cambiano da una società a un'altra con gli individui e le loro imitazioni, ma soprattutto con le società, le educazioni, le convenienze e i modi, i prestigi. Sono infine le tecniche e l'opera della ragione pratica collettiva e individuale utilizzate sul corpo con forte dominio dell'educazione. L'autore fa una distinzione tra i gesti, gli atteggiamenti e i movimenti.

Innanzi tutto, parla dei gesti. A proposito della posizione accovacciata, nota che tutta l'umanità la conosce e l'ha conservata, tranne in Francia. La si impara da bambini; costoro si accovacciano normalmente. Mentre gli Australiani bianchi l'hanno conservata, i Francesi

[65] A.M. Di Miscio, *Ripensare il corpo, Antropologia dal corpo* … cit. , consultato il 20.01.2020.

l'hanno cancellata dalle loro abitudini. La ragione della sua cancellazione sarebbe il cambio della sua importanza da parte della razza umana. Una volta, questa posizione aveva una spiegazione fisiologica; era considerata come segno di degenerazione dell'arco dell'arto inferiore: ad esempio, le gambe arcuate dell'uomo detto di Neanderthal. Le ragioni d'ordine fisiologico, psicologico e sociale possono spiegare alcune cose piuttosto che quelle ereditarie. Inoltre, il gesto dell'addomesticazione ("*dressage*") degli uomini e dei bambini. Costoro vengono addomesticati per acquisire un rendimento umano migliore. Il termine latino "*habilis*", che viene tradotto da "*habile*" in Francese, designa gente che ha il senso di adattamento di tutti i movimenti ben coordinati agli scopi, che ha le abitudini, che sa fare; designa l'abilità a fare qualcosa [66]. Secondo Mauss, le tecniche del corpo in questo caso sono le norme umane per l'addomesticazione umana e si possono categorizzare per ordine di efficacia. Inoltre, il gesto di utilizzare una mano e non l'altra. Esistono delle tradizioni che impongono le loro scelte sociali sui principi dei movimenti. Queste non hanno niente da fare con la fisiologia e la psicologia della dissimmetria motoria presso l'uomo. Tutti i membri del gruppo si devono adeguare ad esse. Perciò viene organizzato l'insegnamento delle tecniche per rendere possibile tale disposizione tradizionale. Ad esempio, un devoto musulmano si riconosce subito dall'uso della mano destra. Egli si servirà sempre della sua mano destra, non toccherà il cibo con la mano sinistra. Il gesto di stare in piedi appesi a un ramo di un albero e di partorire. Le donne delle tribù australiane del Queensland et della Guyane Britannica e la maggioranza di donne indiane partoriscono in questo modo. Anche nella tradizione buddista, ad esempio, troviamo Mâya la mamma di Bouddha che adotta questa pratica. Si tratta di un altro modo di partorire che affianca le posizioni comunémente considerate normali: il parto in posizione supina, parto a carponi. Anche gli aiutanti della partoriente hanno le loro tecniche nel prendere e toccare il neonato, nella cura di costui e di sua madre. Ci sono anche i gesti dell'iniziazione. Durante l'adolescenza, i ragazzi sono educati alle tecniche del corpo riguardanti l'iniziazione. Mentre numerosi ragazzi acquisiscono le stesse maniere e posture e ricevono lo stesso allenamento ovunque, i ragazzi occidentali ne sono esenti e allevati diversamente. I ragazzi e le ragazze imparano una volta per sempre le tecniche del corpo che vivranno durante tutta l'età adulta. Mauss parla poi del gesto per dormire. Si dorme esteso o in piedi (il caso dei Masaï o dell'autore stesso in montagna); quindi, il gesto cambia da un posto a un altro e dipende dalle circostanze. E il letto non è più l'unico luogo dove si può

[66] Cfr. M. MAUSS, *Les techniques du corps* ... cit. , p. 14.

dormire. Ci sono poi i gesti che fanno parte del mestiere o tecniche più complesse. Entrano in questa categoria il salto, l'arrampicarsi, la discesa, il nuoto. Inoltre, i gesti di tossire e di sputare. Esistono le tecniche per tossire e sputare. Sono tecniche per la cura della bocca, che si imparano. Si aggiungono i gesti per il mangiare e per il bere. Ci sono delle tecniche che insegnano come mangiare bene. Si mangia con le dita, con la forchetta, con o senza coltello. Ai bambini si insegna a bere alla fonte, a bere a garganella, così via. L'autore finisce con i gesti (posizioni) sessuali. Ci sono le tecniche della riproduzione : ad esempio, la sospensione delle gambe della donna per le ginocchia ai gomiti dell'uomo. Questa posizione sessuale frequentemente usata in tutto il Pacifico (Australia, stretto di Behring, Perù) si pratica raramente altrove. Gli altri gesti, quindi tecniche, di atti sessuali sono: palpeggiamento di respiri, baci, così via. Esistono stretti rapporti tra queste tecniche e la morale sessuale.

L'antropologa Mariella Pandolfi nota il cambiamento di paradigma tra ieri ed oggi in merito alle tecniche del corpo. Accennando alle tecniche del corpo di Mauss, dichiara:

> Dalle tecniche del corpo, che come ricorda Marcel Mauss (1934) ogni cultura costruisce come mezzo efficace per trasmettere le proprie tradizioni, ci si sposta verso quelle tecnologie del corpo contemporaneo che determinano l'imitazione di uno stesso modello: un corpo agile, muscoloso, magro, un corpo che cerca di dimenticare le violenze dei genocidi, dell'olocausto, delle guerre proiettando su scala planetaria un modello di corpo giovane e quindi innocente [67].

In passato si poneva l'accento sulle tecniche del corpo come mezzo efficace adottato da ogni singola cultura. Mauss assegnava loro l'obiettivo di trasmettere le tradizioni di quest'ultima. La contemporaneità, invece, si concentra sulle tecnologie corporee volte a determinare l'imitazione di uno modello unico (o *standard*) di corpo. Vale a dire che, oggi, esse cercano di creare un corpo giovane e innocente con le caratteristiche seguenti: l'agilità, la muscolosità, la magrézza e la non-violenza. L'uso del corpo nello *Nsang* sembra contraddire questa sua dichiarazione e sembra corroborare la nozione maussiana delle tecniche del corpo come vari modi tradizionali con cui gli uomini di ogni società si servono dei loro corpi. Gli Yansi non le usano per realizzare un modello unico di persona anche se ricorrono alle stesse e uniche espressioni corporee ereditate dalla tradizione. Inoltre, la Pandolfi osserva l'esistenza delle tecniche del corpo che oggi si costituiscono in dolorose e difficili discipline sociali e si trasformano lentamente e sicuramente in abitudine e ripetizione [68]. Partiamo da questa sua affermazione. Le espressioni corporee presenti durante lo *Nsang* sono tecniche del corpo. Detto ciò, la sua tesi è verificata come si verifica anche il fatto che sono vissute tutte come

[67] M. PANDOLFI, *Le arene politiche del corpo*, in «Antropologia» ... cit. , p. 147.
[68] Cfr. *Ibidem*.

abitudini ripetitive del passato tramandate nella quotidianità esistenziale degli Yansi. In modo tale che sono entrate a fare parte dei loro *habitus*. Però costoro non le vivono con dolore e con difficoltà come discipline sociali imposte dalla tradizione; anzi le usano volentieri come loro patrimonio culturale. In questo senso, la pratica della gestualità presso loro sarebbe una eccezione che conferma la regola di Pandolfi.

A sua volta, Merleau-Ponty riflette sul corpo, sul gesto e sul movimento nella teoria della parola come funzione corporea fondamentale [69]. Per lui, il pensiero dell'altro è sempre ripreso attraverso la parola. C'è sempre una riflessione nell'altro e una facoltà di pensare in base all'altro. Questo è importante nella misura in cui arricchisce i nostri pensieri. Allora il significato concettuale delle parole si deve necessariamente formare «per il prelevamento su un significato gestuale» [70]. E questo è immanente alla parola. Per sapere e pronunciare la parola non c'è bisogno di rappresentarla. La cosa più importante è possederne l'essenza articolare e sonora in quanto modulazione e uso possibile del mio corpo. La parola entra a fare parte della costituzione dell'uomo e pronunciarla è l'unico modo per rappresentarla. Però, «l'immagine verbale è solo una delle modalità della mia gesticolazione fonetica, data con molte altre nella coscienza globale del mio corpo» [71]. L'autore non precisa queste altre modalità della mia gesticolazione fonetica. La parola è anche un autentico gesto. Come il gesto contiene il suo senso, anche essa contiene il suo proprio senso. Per comprendere le parole dell'altro, bisogna già conoscere il suo vocabolario e la sua sintassi. La comunicazione si fa con un soggetto parlante, con un certo stile d'essere e anche con il mondo verso cui esso è orientato. Il gesto è, secondo l'autore, un fenomeno fisico o fisiologico che non ha il suo senso contenuto in esso [72]. In altri termini, il significato del gesto gli viene attribuito da fuori dagli uomini. Detto ciò, l'essenza del gesto è di essere compreso. È la reciprocità delle mie intenzioni e dei gesti altrui, delle intenzioni che si leggono nella condotta altrui e dei miei gesti, che rendono possibile la comprensione o la comunicazione dei gesti. La comprensione dei gesti non verbali presuppone in anticipo un mondo percepito comune a tutti. E il gesto si compie e dispiega il suo senso in questo mondo. I comportamenti naturali non si sovrappongono a un mondo culturale o spirituale fabbricato dall'uomo. Tutto è naturale

---

[69] M. MERLEAU-PONTY, *Fenomenologia della percezione*, Milano, Bompiani, [4]2009 (originale: IDEM, *Phénoménologie de la perception*, Paris, Gallimard, 1945).
[70] *Ivi*, p. 250.
[71] *Ivi*, p. 252.
[72] Cfr. *Ivi*, p. 265.

e fabbricato in lui.

La critica a Merleau-Ponty del linguista Maurizio Gnerre non si fa attendere. Il riconoscimento della corporeità come fonte di significazione è solamente implicito nella plurimillenaria storia del controllo sociale e culturale del corpo, soprattutto delle micro-gestualità di questo, per costruire le relazioni, i confini e le osmosi fra la spiritualità e la corporeità, da un lato; e di stabilire le dimensioni udibili e visibili dell'anima e del corpo, dall'altro. Secondo lui, la funzione delle micro-gestualità corporee consiste nel creare rapporti tra lo spirituale e il materiale, tra corpo e anima ma anche nell'esteriorizzare la seconda nel mondo. Infatti, Gnerre dichiara la sua intenzione di mettere in luce il ruolo dei micro e macro-gesti, dei movimenti e della costruzione degli spazi socio-comunicativi che emergono sia da coordinamenti, sia da sincronizzazioni motorie [73]. E lo fa a partire dallo studio di alcuni concetti necessari a un impianto prospettico sulle radici corporee della significazione. Secondo lui, il confine semantico è inesistente nel caso dei concetti: "gesto" e "movimento". Esiste una scalarità tra di loro e non una dicotomia e una contrapposizione.

Oltre alla funzione relazionale e di visibilità dell'anima, la gestualità ha ancora un ruolo di comunicazione. Infatti, continua l'autore, i gesti o movimenti che produce uno dei partecipanti a una situazione comunicativa sono all'origine dell'udibile e del visibile. Si distribuiscono su una scala ideale. Tipi e quantità diverse di impegno corporeo e muscolare sono disposti su quest'ultima. Da questo punto di vista (comunicazione), i micro-gesti, che sono prodotti in modo inconsapevole dall'apparato vocale-articolatorio, si trovano a un estremo dalla scala ideale. Di solito, essi non sono percepibili alla visione degli altri partecipanti. Però producono dei suoni che vengono percepiti da costoro. Ci sono anche dei suoni che sono prodotti in modi diversi. Essi hanno dei gesti o movimenti visibili (quindi non sono più micro-gesti): ad esempio, il tamburellare delle dita su un tavolo; l'emissione di fiato in uno degli strumenti musicali (ad esempio, un didjeridoo) [74]. Invece, i macro-gesti o movimenti ampiamente visibili sono disposti nell'altro estremo della scala ideale. Di solito, essi sono pienamente significativi. Per l'autore, è abbastanza probabile che si ispessisca sullo stesso estremo una intenzionalità comunicativa; di conseguenza, un certo grado di controllo consapevole sulla gestualità. Per essere preciso, per lui, i macro-gesti sono i gesti che amplificano, volutamente o intenzionalmente, i micro-gesti. Come esempio, cita i segni che

[73] Cfr. M. GNERRE, *L'addomesticamento dei corpi selvaggi*, in «Antropologia» ... cit. , pp. 93-119.
[74] Cfr. *Ivi*, p. 93.

sono micro-gesti articolatori labiali nella lingua parlata che sono enfatizzati dalla maggioranza di coloro che usano le lingue dei segni.

Successivamente, Mauss si sofferma sugli atteggiamenti: quello di portare il bambino addosso per due o tre anni, quelli per il riposo (steso, seduto, accovacciato, così via). Inoltre parla dei vari modi di sedersi per riposarsi: ad esempio, sulla panca, senza panca, così via. Infine, Mauss si dedica ai movimenti. Vi fanno parte il fatto di strisciare, di correre, di calcare, di camminare e di danzare. La marcia viene intesa come l'*habitus* del corpo in piedi camminando, respiro, ritmo della marcia, oscillazione dei pugni, dei gomiti, progressione del tronco in avanti del corpo o per avanzamento dei due lati del corpo alternativamente, piedi fuori e dentro, estensione della gamba. Esistono le tecniche della marcia. Dopo lo svezzamento, il bambino viene educato a camminare. Peraltro, la danza fa parte delle tecniche di riposo attivo che rientrano nel campo dell'estetica e dei giochi del corpo. Esistono le danze al riposo e quelle in azione (M. von Hornbostel), le danze estroverse e introverse (M. Curt Sachs), la danza degli uomini e quella delle donne [75]. Esistono poi i movimenti di forza: come spingere, tirare, alzare; lancio, lancio in aria e in superficie; tenere con i denti, con le dita dei piedi, con l'ascella. A proposito della rappresentazione del movimento, Merleau-Ponty sostiene che la rappresentazione dello spazio esterno e del proprio corpo non è necessaria per muovere l'uno nell'altro. Importa solamente che esistano per me e che un certo campo di azione sia costituito da loro attorno a me. Nella memoria, il corpo ha la funzione di proiezione. Come potere d'espressione naturale, esso trasforma in vociferazione una certa essenza motoria, riapre l'atteggiamento trascorso che riprende in panorama del passato e proietta una intenzione di movimento in movimento effettivo. In conclusione, la corporeità è fonte della significazione [76]. Maxine Sheets-Johnstone ricorda in *La danza della corporeità* l'esempio «di Merleau-Ponty di appoggiarsi al suo banco di lavoro e sentire il resto del corpo strisciare dietro, offre l'esempio di eseguire un tratto di braccio sopra la testa» [77]. Si distingue dal filosofo francese, scrive Csordas, dal fatto che dà l'esempio di eseguire tale movimento e di ripeterne in seguito la performance come una vera variazione cinestetica (e non semplicemente una variante libera fantasiosa). La danza moderna secondo lui ha la tendenza di essere classificata come una attività tipicamente femminile. In altri termini, la danza è il

---

[75] Cfr. M. MAUSS, *Les techniques du corps* ... cit. , p. 19.

[76] Cfr. M. MERLEAU-PONTY, *Fenomenologia della percezione* ... cit. , p. 271.

[77] Sheets-Johnstone citato da T. CSORDAS, *Fenomenologia cultural corporeidade: agência, diferença sexual, e doença* ... cit. , p. 299.

monopolio del genere femminile. In realtà non lo è perché anche gli uomini danzano e possono danzare essendo l'animazione (o movimento) una caratteristica dell'essere vivente a prescindere dal suo genere. La prospettiva di Bourdieu (che cita in realtà George H. Mead) riguardo al movimento è diversa e va letta a nostro parere come complementare a quella di Merleau-Ponty e di Sheets-Johnstone:

> È chiaro che il paradigma ermeneutico dello scambio di parole è senza dubbio meno adeguato di quello dello scambio di mosse utilizzato da George H. Mead: nei combattimenti tra cani, così come tra bambini o pugili, ogni gesto genera una risposta, ogni posizione del corpo dell'avversario è trattata come un segnale elementare di un significato che bisogna cogliere allo stato nascente, indovinando nell'accenno del colpo o della schivata il futuro che racchiude, vale a dire il colpo o la finta. E la stessa finta, nella boxe come nella conversazione, negli scambi d'onore come nelle transazioni matrimoniali, presuppone un avversario capace di prevenire la risposta a partire da un movimento appena accennato, quindi suscettibile di essere preso in contropiede attraverso le sue anticipazioni [78].

I movimenti e i gesti dell'emittente per essere efficaci aspettano la reazione di ritorno del ricevente. Tocca a quest'ultimo capirlo e interpretare il significato inerente a ciascun movimento o gesto. E quando lo coglie/lo riceve si può parlare di comunicazione. Come si vede, qui la teoria di Bourdieu è vicina a quella di MacKay (attraverso Victor Turner), di cui parleremo nelle righe seguenti, e di Maurizio Gnerre di cui abbiamo parlato sopra.

La *palabre* impegna sia i gesti, che gli atteggiamenti e i movimenti. Dall'analisi di Mauss, due cose catturano la nostra attenzione. In primo luogo, il fatto che la tradizione impone alcune scelte sociali di modi di agire del corpo; in secondo luogo, il fatto che costoro possono subire modifiche o cambi per più motivi (sopra citati). Se il peso della tradizione sulla scelta delle espressioni corporee utilizzate durante il suo svolgimento non può essere rimesso in causa, come vedremo, esso non consente d'altra parte di innovare sul terreno della gestualità. Secondo Merleau-Ponty, anche la parola fa parte dei gesti che sono alla fine segni e significati. E a questo livello che dobbiamo situare l'originalità della gestualità nella *palabre*. Non si tratterà solo di elencare diversi gesti. Soprattutto cercheremo di interpretarli alla luce della trazione yansi. La stessa cosa faremo con i movimenti. I tre ruoli della gestualità e movimenti (secondo Gnerre) si ritrovano nella corporeità durante la *palabre*, come vedremo. Coinvolgendo sia la comunità dei vivi che dei morti, l'intervento corporeo di ciascun protagonista lo mette in contatto e in comunicazione con tutti i componenti (vivi e morti perlappunto) della famiglia e del villaggio. L'intervento corporeo introduce il successivo

---

[78] P. BOURDIEU, *Per una teoria della pratica con Tre studi di etnologia cabila* ... cit., p. 184.

argomento sulla performance.

2.4. Performance

L'antropologo Victor Turner sviluppa le sue riflessioni sul corpo sulla scia delle intuizioni antropologiche di Bourdieu e fenomenologiche di Merleau-Ponty. I punti comuni fra i due, e cioè il "corpo vissuto" e la pratica, sono molto presenti nel suo approccio qualificato come "antropologia esperienziale". In effetti, egli si mostra più sensibile alla dimensione performativa della comunicazione nel cercare di valorizzare la partecipazione del ricercatore al contesto della ricerca, in modo tale che la stessa attività conoscitiva venga orientata in senso prassiologico. Turner si avvicina all'antropologia dal corpo nella quale la riflessività viene estesa dalla negoziazione dei significati alla fenomenologia dell'incontro sul campo. «In questo senso si qualifica come metodologia alternativa alla classica osservazione partecipante, ma anche all'osservazione ermeneutica e allo sperimentalismo scritturale postmoderno» [79]. L'antropologia esperienziale è secondo Turner l'antropologia della performance [80].

Etimologicamente, la performance indica prestazioni che non comportano alcuna implicazione strutturalista di manifestare la forma e che hanno piuttosto il senso processuale di portare a compimento o di realizzare qualcosa. Il metodo poietico è quello adatto all'insegnamento antropologico in quanto ricrea il comportamento dall'interno e riesce a volte a gestire il materiale sconosciuto. Il rapporto esistente tra l'esecuzione (o meglio performance) e l'apprendimento è necessariamente dialettico; da un lato si impara eseguendo, dall'altro le intese così acquisite vengono eseguite:

> *Performance is derived from the Middle English parfournen, later parfourmen, which is itself from the Old French parfournir-par ("thoroughly") plus fournir ("to furnish")-hence performance does not necessarily have the structuralist implication of manifesting form, but rather the processual sense of "bringing to completion" or "accomplishing" To perform is thus to complete a more or less involved process rather than to do a single deed or act. To perform ethnography, then, is to bring the data home to us in their fullness, in the plenitude of their action-meaning* [81].

---

[79] R. MALIGHETTI-A. MOLINARI, *Il metodo e l'antropologia. Il contributo di una scienza inquieta* ... cit. , p. 193.

[80] Questo è anche il titolo di uno suo libro: V. TURNER, *Antropologia della performance*, a cura di Stefano De Matteis, Milano, Il Mulino, 1993, p. 148 (originale: IDEM, *The Anthropology of performance*, New York, Paj Publications, 1986).

[81] V. TURNER, *Dramatic Ritual/Ritual Drama: Performative and Reflexive Anthropology*, in «The Kenyon Review», I, n. 3 (1979), p. 82.

La performance era intesa da lui, scrive il letterario Teodoro Patera, come lo strumento capitale che sconvolge il sistema attivato nella condizione liminare [82]. Gli esseri liminari procedono attraverso la messa in scena del corpo a fare una riflessione critica riguardo gli elementi cristallizzati del sistema al margine del quale si sono portati. Durante la messa in scena del suo corpo, come anche nella messa in crisi dei vecchi valori, l'essere liminare crea qualcosa di nuovo, opera una costruzione di senso (che è sempre dialettica e mai un significato chiuso) ed è portato a riflettere sul suo passato e sul suo universo di origine sottoposto a una sorta di ridefinizione che l'attualizza (chiamato "meta-commento" da Turner) [83]. Il pensiero di Turner era di stabilire il rapporto tra le forme processuali di conflitto sociale in molte società e i generi di performance culturale, con la finalità di trasformare dati etnografici in metafora drammaturgica. In questo contesto, egli introduce la nozione di "performance". La retorica dei drammi sociali, e di conseguenza la forma di discussioni, è tratta da spettacoli culturali. L'attuazione del rituale Ndembu nello Zambia da parte dell'autore, con i suoi studenti universitari, mostra la messa insieme della struttura affettiva del dramma sociale, della tensione tra fazionismo e capro espiatorio con il profondo senso di appartenenza al villaggio. Inoltre fa vedere come una migliore comprensione collettiva e individuale della situazione di conflitto viene raggiunta legando, in una performance rituale, i suoi codici cinematici logici e cognitivi [84]. Anche nella collaborazione tra antropologi e praticanti del teatro e della danza nell'esperienza del laboratorio teatrale, gli antropologi sarebbero meglio preparati per presentare una serie di testi etnografici selezionati ai loro colleghi per il loro potenziale performativo. Prima di arrivare però alla performance effettiva, il *playscript* doveva subire in continuazione modifiche durante il processo di prova [85]. La critica di Patera non si fa aspettare; per lui, Turner collega ingenuamente esperienza e arte.

---

[82] Secondo il giornalista scientifico al magazzino Scienze Umane Nicolas Journet, La nozione di *limen* è stata coniata da Arnold Van Gennep (*Les Rites de passage*, Paris, 1909). Rimanda alla soglia da attraversare nei riti di passaggio oppure nei conflitti da risolvere e nelle tensioni inerenti ad ogni organizzazione sociale fondata sui gruppi familiari o di statuto. Nel 1969, appoggiandosi sulla sua conoscenza dettagliata dei riti dei Ndembu, Turner studiava la questione dei riti di passaggio specialmente la loro fase centrale detta liminare da Gennep e osservava la sua caratteristica principale: l'umiliazione dei benefiziari di questi riti. Questa umiliazione significa: la condizione di colui che è fuori statuto, fuggendo alle categorie di età, di parentela, di rango. E il senso della fase liminare è quello di mettere in evidenza l'esistenza di una struttura sociale (Cfr. N. JOURNET, *Arnold van Gennep (1873-1957). Les rites de passage*, in N. JOURNET, *La culture de l'universel au particulier*, Paris, Sciences Humaines, 2002, p. 84).

[83] Cfr. T. PATERA, *Liminalité e performance: de l'anthropologie de Victor Turner aux Folies Tristan*, in «Revue d'épistémologie des langues et littératures du Moyen Age», n. 35 (2014), p. 4.

[84] Cfr. V. TURNER, *Dramatic Ritual/Ritual Drama: Performative and Reflexive Anthropology* … cit. , p. 88.

[85] Cfr. *Ivi*, p. 91.

Nell'analisi letteraria, ciò può condurre a una messa in valore del contesto contro il testo e la sua logica, alterando in questo modo profondamente la natura stessa del referente [86].

Secondo Turner, un sistema sociale è dato da una serie di processi liberamente integrati, all'interno dei quali alcuni aspetti seguono modelli dati e alcune costanti formali, ma che sono anche controllati da principi di azioni contrastanti, espressi in regole di costume spesso incompatibili fra loro a seconda delle situazioni. R. Schechner riferisce che egli descrive le situazioni disarmoniche o critiche nella sua analisi dei drammi sociali utilizzando una terminologia teatrale. Le controversie, lotte, riti di passaggio sono presentati sotto forma di dramma. In essi i partecipanti agiscono, si sforzano di mostrare agli altri quello che stanno facendo e che hanno fatto, ed eseguono le loro azioni per un pubblico. I protagonisti preparano il retroscena, si confrontano con gli avversari, indossano le maschere, recitano le parti, adoperano la stessa area del palcoscenico per le azioni di routine, così via. Così accade in tutte le interazioni sociali. Dunque hanno tutte un carattere di messinscena [87].

I drammi sociali sono secondo Turner le «unità di processo sociale anarmonico o disarmonico che nascono in situazioni di conflitto» [88]; sono «un'area limitata di trasparenza sulla superficie altrimenti opaca della vita sociale regolare e priva di eventi»; sono «l'unità empirica del processo sociale da cui sono derivati, e continuano a derivare, i vari generi di performance culturale» [89]. Come azioni pubbliche hanno quattro fasi principali: la *rottura* dei normali rapporti sociali, la *crisi* durante la quale la rottura tende ad allargarsi, l'*azione riparatrice* [che va dal consiglio personale e dall'arbitrato (o mediazione informale) all'apparato giudiziario formale e legale, e alla rappresentazione di riti pubblici (quando si tratta di risolvere certi tipi di crisi o di legittimare modi diversi di soluzione)] e la fase finale; essa «consiste o nella *reintegrazione* del gruppo sociale ribelle, o nel riconoscimento e nella legittimazione di uno scisma irreparabile fra le parti in contesa» [90]. Come evento che inaugura un dramma sociale, la rottura è sempre realizzata da una trasgressione simbolica, che potrebbe anche essere «una trasgressione reale della consuetudine e delle prescrizioni legali». La fase drammaturgica inizia quando si sviluppa la crisi nella quotidianità dell'interazione sociale. Per interpretare i propri ruoli e affermare la propria condizione nel processo sociale abituale,

---

[86] Cfr. T. PATERA, *Liminalité e performance: de l'anthropologie de Victor Turner aux Folies*... cit. , p. 5.
[87] R. Schechner citato da V. TURNER, *Antropologia della performance* ... cit. , p. 148.
[88] *Ivi*, p. 148.
[89] *Ivi*, p. 175.
[90] *Ivi*, p. 149.

gli attori fanno il loro possibile per mostrare agli altri quello che stanno facendo o hanno fatto; agiscono consapevolmente, esercitano la proprietà riflettente (o riflessività) e la loro capacità di comunicare informazioni sul sistema comunicativo stesso. La riflessività accompagnerà ancora tutta la fase riparatrice. Già in questa fase iniziale il corpo viene coinvolto attraverso il dire, il fare, la coscienza, la riflessione, la comunicazione verbale e non verbale, le emozioni scatenate per raggiungere scopi fino ad allora nascosti o inconsci e il libero esercizio della volontà delle persone. Tutte queste azioni, anche non verbali, concorrono alla risoluzione della crisi e significano il desiderio degli attori di mettere fine alla crisi in corso.

La riflessività della performance dissolve i legami profondi tra corpo e mentalità, tra pensiero inconscio e cosciente, tra specie e sé; legami che sono stati trattati a fini analitici. Essere riflessivi secondo lui significa essere rispettivamente il proprio soggetto e oggetto diretto. La società viene compresa come un processo scandito da spettacoli di vario genere, che costituiscono un insieme di metalinguaggi intersecanti a vari livelli e in vari codici verbali e non verbali. Il gruppo reagisce più attivamente a queste esibizioni e cerca di conoscersi per cambiare. I generi performativi sono caratterizzati da questa dialettica tra "flusso" e riflessività; infatti, l'opposizione tra schemi di azioni spontanei e consapevoli di sé (o autocoscienti) viene trascesa da una performance di successo [91].

La performance (o esecuzione) è un processo e una qualità processuale, insieme al movimento, alla messinscena, alla trama, all'azione riparatrice, alla crisi, allo scisma, alla reintegrazione e a simili. Essa è un comportamento linguistico, una presentazione di sé nella vita quotidiana, un dramma scenico o dramma sociale [92]. Ha una struttura che nasce dalle opposizioni dialettiche dei processi e dei livelli di processo. Questa struttura è diacronica e ha un inizio, una sequenza di fasi che si sovrappongono fra loro e che restano però isolabili. Esiste di conseguenza un'organizzazione delle performance che, a loro volta, non sono mai amorfe. Le loro unità sono gli esseri umani completi, cioè esseri concreti che godono di tutte le proprie facoltà psicologiche. E ogni essere umano ha «le sue individuali mappature cognitive, valutative e affettive della struttura degli eventi e delle classi di eventi» [93] nel proprio campo socioculturale. Il che vuole dire che i singoli individui che eseguono le azioni durante il dramma sociale lo fanno nel contempo come corpi biologici e sociali. Ciò che li separa è il bagaglio intellettuale e affettivo che si portano dietro. E questo dipende sia dal loro

---

[91] V. TURNER, *Dramatic Ritual/Ritual Drama: Performative and Reflexive Anthropology* ... cit. , p. 93.
[92] V. TURNER, *Antropologia della performance* ... cit. , p. 152.
[93] *Ivi*, p. 157.

entourage di vita in società, sia dalla formazione ricevuta in casa o a scuola. Si tratta di un punto importante nella misura in cui l'educazione e la preparazione del soggetto agente influiscono molto sulla sua scelta decisionale (che riguardi il comportamento da adottare o no). Da questo punto di vista, la condotta corporale o fisica degli individui che raccontano la crisi alla base della rottura di relazione reciproca diventa il riflettore o indicatore di ciò che sono in realtà. Essi sono i prodotti del loro ambiente socioculturale. Anche in questo caso, il corpo umano è linguaggio non verbale. La cultura sarebbe allora l'insieme delle personalità differenti e simili. Il conflitto nasce dalle differenze tra esse. La coordinazione sociale serve per gestire queste differenze e somiglianze, e il conflitto quando emerge. L'immagine dell'uomo che viene fuori qui è quella di essere un *Homo performans*. In effetti, egli «è un animale che si rappresenta» [94]; che si rivela in se stesso rappresentandosi (detto ciò, le sue performance sono riflessive) secondo una doppia modalità: attraverso la recitazione o la rappresentazione e attraverso l'osservazione e/o la partecipazione a performance che sono state prodotte e presentate da un altro insieme di esseri umani. Non solo il corpo individuale che si esibisce permette a quello stesso individuo di conoscersi, ma anche i corpi degli altri esseri umani appartenenti al suo ambiente socioculturale o meno. La novità introdotta dall'autore qui è quella di presentare il corpo altrui in esecuzione durante il dramma sociale come specchio riflettente che aiuta l'individuo a conoscersi; dunque, il corpo altrui è linguaggio. La conoscenza oppure la rivelazione personale mediante il corpo personale, o di altri, in esibizione è reciproca, nella misura in cui la performance rivela l'esecutore in se stesso e rivela anche l'osservatore in se stesso. Detto ciò è dovere imperativo da parte di tutti i *performers* di curare bene le loro esecuzioni rispettando le regole di gioco stabilite dalla società. La riflessività è singolare quando la performance viene fatta da uno solo individuo; essa è plurale invece quando viene eseguita dalla collettività (Noi e Loro, o *Ego* e *Alter*). I drammi sociali fanno parte delle performance sociali secondo l'autore. Ma esistono anche le performance culturali. In questa categoria entrano i drammi estetici o teatrali.

Inoltre, la comunicazione non verbale altamente usata nel rito, nel carnevale, nel teatro, nello spettacolo, nel cinema (studiati dall'autore) obbedisce ad alcune regole che sono messe in evidenza nelle teorie della comunicazione non verbale. Secondo l'approccio di D.M. MacKay, la comunicazione in senso stretto ha luogo solo se l'azione che origina un segno non-verbale (A) si rivolge intenzionalmente a un ricevente (B). Fin dall'inizio A fa la scelta di

---

[94] V. TURNER, *Antropologia della performance* … cit. , p. 158.

rivolgersi a B come finalità (del suo agire comunicazionale). Si fa una selezione degli obiettivi (il B) [95].

La differenza è essenziale fra le espressioni *in modo da* e *allo scopo di* che caratterizzano l'agire del neonato. Innanzitutto, questi strilla *in modo da* richiamare l'attenzione della mamma ad esempio. Più tardi, egli potrebbe imparare a strillare *allo scopo di* richiamare l'attenzione. Per MacKay, la comunicazione in senso stretto si fa unicamente nel secondo esempio perché si ha l'intenzione deliberata di fare tornare la sua attenzione verso il neonato. Siamo in presenza di due performance dove il corpo viene coinvolto attraverso l'azione di strillare del neonato, da una parte, e quella di richiamare l'attenzione, d'altra parte. L'attenzione impegna sia la visione (o vista) che l'ascolto (o gli orecchi). Però l'azione di strillare persegue due finalità diverse: il disturbo nel primo caso e l'attrazione deliberata dell'attenzione verso il neonato. Quest'ultimo sa quindi ciò che vuole, agendo nell'uno o l'altro modo di strillare. Da parte sua, la mamma (o qualcun altro) percepisce la differenza tra i due modi. Se lei si gira verso di lui, allora lo scopo perseguito nel secondo esempio è stato raggiunto; allora c'è stata comunicazione vera e propria tra figlio o figlia e mamma. È interessante il fatto che un atteggiamento fisico interpella il ricevente fino a provocare la sua reazione che è in realtà l'effetto mirato dall'emittente prima di porre il suo gesto. Come si vede, anche qui, il codice non verbale veicola una informazione.

La seconda teoria della comunicazione non verbale, che l'autore applica all'azione, è il modello freudiano. Certo, Freud sosteneva che l'essere umano sarebbe composto da numerose strutture differenziate però nello stesso tempo legate fra di loro (a titolo di esempio: *id*, *superio*, *io*). Queste strutture comporterebbero tre vari livelli di consapevolezza: uno sarebbe inconscio, l'altro preconscio e l'altro ancora conscio. Partendo da ciò, Turner formula la sua ipotesi. L'*id* dell'emittente potrebbe intenzionalmente dirigere i suoi desideri e aspirazioni inconsci verso i segni non verbali (come finalità) che poi verrebbero interpretati con o senza coscienza dal ricevente «in base a un criterio interno che regola i suoi fini personali» [96]. A sua volta, il sistema normativo-prescrittivo dell'emittente (o il *superio*) potrebbe trasmettere i segni non verbali a un ricevente che li interpreterebbe sia al livello percettivo-cognitivo (o

[95] V. TURNER, *Antropologia della performance* ... cit. , pp. 160-161 (già citato): «MacKay sostiene che comunicazione in senso stretto si dà soltanto quando l'azione di A, che origina un segno non-verbale, è diretta finalisticamente a un ricevente B. [...]. Ad esempio, possiamo dire semplicemente che B, ogni volta che entri a contatto con A, percepisce, ossia fluisce informazione da A a B».
[96] *Ivi*, p. 162.

dell'*io*), sia al livello inconscio mediante le strutture dell'*id* (o del *superio*). A questo punto, Turner non esclude la possibilità che nasca nella personalità del ricevente un conflitto d'interpretazione del segno non verbale a entrambi i livelli e, anche, all'interno delle strutture e dei loro rapporti. Per illustrare la sua affermazione, egli prende come esempio il sorriso di una donna (emittente). Il ricevente maschio lo potrebbe interpretare, nel contempo, come gentilezza, invito e tentazione. Indipendentemente dalla reale intenzione dell'emittente, deduciamo che il gesto corporeo di sorridere da parte di quest'ultimo vuole comunicare qualcosa e aspetta una risposta che potrebbe andare o no nel senso dell'intenzione dell'emittente. E la comunicazione è perfetta quando c'è identità o corrispondenza tra quest'ultima e la concreta risposta del ricevente, come già abbiamo visto nell'esempio del neonato.

Inoltre, la struttura sequenziale del dramma sociale fa vedere chiaramente il rapporto strutturale esistente fra le tre componenti dell'esperienza vissuta: cognitiva, affettiva e istintiva. Per Turner, ogni fase del dramma sociale fa coesistere i tre processi psicologici. Ma c'è sempre un processo che domina di più in ciascuna. Durante la *rottura* (prima fase) l'affetto è primario («anche se è di solito presente un elemento di calcolo cognitivo» [97]). Tutte e tre le tendenze sono implicate nella fase di *crisi*. La società è divisa in due fazioni; ciascuna di esse calcola le proprie risorse di potere. L'una ricorrerà abbastanza spesso alla razionalità, l'altra invece al romantico del volere e del sentire nelle parole e negli atti. Nell'azione riparatrice giudiziaria e legale regna soprattutto la cognizione. Però l'emozione e la volontà si riaffermano ogni volta che questa azione non ispira un consenso sufficiente. Il ripristino della pace nella fase finale conosce il predominio dei criteri cognitivi intesi come accettazione razionale del cambiamento come la realtà. Qualcuno potrebbe obiettare che lo sviluppo precedente sulle quattro fasi del dramma sociale non ha niente a che fare con l'espressione corporea; quindi, con la comunicazione non verbale. Invece c'entra. Le quattro tappe sono certamente vari momenti di performance degli attori sociali. E il corpo viene sempre coinvolto nella performance. Le attività cognitive, affettive e istintive del vissuto dell'individuo (oppure degli individui) sono compiute dai corpi fisici che hanno aderito all'una o all'altra parte in conflitto. La riaffermazione dell'emozione e della volontà è, quando l'azione non può ispirare un consenso sufficiente è, allo stesso tempo, manifestazione della debolezza della ragione umana in quel momento preciso e conferma che i vari *performers*

---

[97] V. TURNER, *Antropologia della performance* ... cit. , p. 172.

hanno un corpo. Il momento della riparazione è particolarmente la fonte che genera le performance culturali (dal rito al teatro e al cinema). Insieme a quelle di narrazione si originano nel dramma sociale e traggono significato e forza da esso. È compito del dramma sociale di convertire i particolari valori e fini degli attori in un sistema di significato comune o consensuale [98]. È specialmente al momento della riparazione che gli eventi avendo provocato e costituito la crisi vengono interpretati. L'oggetto da percepire entra nel soggetto. Costui lo percepisce e lo determina. Il significato della vita sociale informa la percezione di se stesso. Quello di un qualsiasi fattore viene stabilito solo alla fine dell'intero processo. Lo stabilimento (definitore) del significato del passato nella soluzione delle crisi si fa riferendosi al presente mentre quello del significato del presente viene fatto con riferimento al passato. Ne consegue che la decisione "significativa" modifica l'orientamento del gruppo oppure i suoi piani per il futuro e questi reagiscono a loro volta sulla sua valutazione del passato [99].

La *palabre* come processo socioculturale e storico non è e non ha una ricetta fissa. Si costruisce man mano che si va avanti nel suo svolgimento. I differenti partecipanti si liberano delle loro ansie e paure e eseguono le performance che mettono in gioco. Essi sono importanti perché conducono alla scoperta della verità e, quindi, alla soluzione duratura per una vera riconciliazione sociale. Capiamo allora come questo paragrafo può essere d'utilità a ciò che andremo ad analizzare nei due capitoli successivi.

Conclusione

Alla luce di quanto esposto precedentemente, dovremo cambiare il titolo di questo capitolo e chiamarlo "Antropologia del corpo". Infatti, abbiamo studiato il corpo come soggetto della cultura, come il suo "fondamento esistenziale". Mauss, con i suoi modi di agire del corpo, ha mostrato le sue variazioni nello spazio e nel tempo in funzione della tradizione, dell'educazione, dell'età, del sesso, e così via. Riprendendo la sua intuizione, Bourdieu si concentra sul "corpo vissuto" e sulla pratica della vita in società e fa vedere come sono generate le disposizioni stabili (*habitus*) all'interno delle quali gli individui di quella società si devono muovere, ma con la possibilità di poterle modificare. Turner, ragionando sull'esperienza quotidiana, arriva alla conclusione che l'esistenza umana è un dramma che viene risolto attraverso la performance degli agenti coinvolti in esso. Csordas, con la sua nozione d'incorporazione, mostra che il corpo "fondamento esistenziale" della cultura, serve

---

[98] Cfr. V. TURNER, *Antropologia della performance* ... cit. , p. 180.
[99] Cfr. *Ivi*, p. 183.

da punto di mediazione o d'unione tra corpi individuali e collettivi e cultura locale. Che ne è della *palabre*? La risposta a questa domanda costituisce la materia dei capitoli successivi.

CAPITOLO TERZO

NSANG COME STRUMENTO DI RISOLUZIONE DEL CONFLITTO SOCIALE PRESSO GLI YANSI DI BAMPILA

Introduzione

La pratica che stiamo per analizzare in questo capitolo si chiama *Nsang* [100]. La nostra indagine si è svolta in modo specifico presso gli Yansi nel territorio di Bampila comprendente 7 raggruppamenti (intendiamo un insieme di paesi o villaggi che dipendono da un capo tradizionale riconosciuto dallo Stato): Kinsomo, Ntumu, Panga, Kipata, Mbelo, Mbwanzie e Nko. Gli intervistati provengono dai tre primi raggruppamenti.

L'indagine è stata portata avanti in diversi momenti i quali costituiscono tre fasi ben precise. La prima fase è consistita nell'assistere in data 22 agosto 2018 a un *Nsang* tra una coppia di sposi a Pano. La seconda si è svolta dal 26 febbraio al 12 aprile 2019 a Kinshasa, capitale del RD. del Congo. Durante questo periodo, sono state realizzate undici interviste.

Il genere è stato il primo criterio per la scelta degli intervistati, però abbiamo incontrato difficoltà a trovare donne disponibili. Il secondo criterio è stato quello di avere fatto una esperienza personale dello *Nsang* come colui che dice lo *Nsang* (notabile), come una delle parti in causa e come partecipante. L'età ha costituito il terzo criterio; infatti, gli intervistati sono stati presi nella fascia di età che va da 51 a 77 anni (Corneille 51, Anne 55, Célestin 57, Jean 59, Ruphin 61, André 66, Honoré 67, Scholastique 71, Longin 72, Arsène e Jean Claude 77) per via della loro esperienza abbastanza matura sullo *Nsang*. Il quarto criterio è stato quello di avere una famiglia; questo consente agli intervistati di avere una certa responsabilità morale e sociale. In effetti, tutti sono sposati e hanno figli, tranne uno. Il livello di istruzione costituisce il quinto e ultimo criterio di scelta degli intervistati. I laureati sono due: Ngapono ha conseguito la laurea magistrale in scienze statistiche e Luzala C. ha conseguito la laurea triennale in Architettura. Anne, Jean Mabanza e Muswana hanno conseguito il diploma di maturità, mentre gli altri sei hanno frequentato per alcuni anni la scuola elementare poiché non c'erano le medie e le superiori e, le famiglie essendo povere, non potevano mandarli nemmeno fino al compimento della scuola elementare.

[100] Cfr. la definizione di B. Atangana alla pagina 5 nota 5.

Le difficoltà non sono mancate nella ripresa video dello *Nsang* e nel compimento delle interviste in queste due prime fasi. Riguardo allo *Nsang,* la difficoltà maggiore è stata legata al fatto che ad esso non si ricorre spesso; si ricorre solo su richiesta di una delle due parti in conflitto per i casi gravi non risolvibili da loro stessi. Ad essa s'aggiunge il fatto che non abbiamo partecipato a tutto lo *Nsang* a Pano nel 2018; siamo stati informati all'improvviso e tardi del suo svolgimento e siamo arrivati sul posto solo durante la tappa conclusiva che abbiamo filmato, però abbiamo avuto la cura e l'accortezza di farci spiegare la sostanza di questo *Nsang*. Durante le due settimane della nostra permanenza a Kinshasa nel 2019, non ci sono stati gli *Nsang* a causa della prima ragione e/o difficoltà. Queste due difficoltà ci hanno portato a chiedere un aiuto/favore per la terza fase dell'indagine che infatti non è stata compiuta da noi direttamente. Dovendo ritornare in Italia, abbiamo dovuto lasciare la video camera a Ngapono nostro cognato (il quale è anche uno degli intervistati) e gli abbiamo chiesto di aiutarci a filmare alcuni *Nsang* e poi di inviarceli in via telematica. Da marzo a giugno, egli riuscì a fare solo due riprese (un caso di morte e un caso di restituzione di soldi, 300 dollari) di pessima qualità, che ci fece avere verso la metà di giugno. Per quanto concerne le interviste, come già accennato, due sono state le difficoltà incontrate. Nonostante il fatto che abbiamo provveduto al pagamento di 8000 franchi congolesi (l'equivalente di 5 dollari) a ogni intervistato (tranne a mia sorella, a mio cognato e a mio fratello), qualcuno ha chiesto di più, cioè 100 dollari così abbiamo dovuto pagare 300 dollari ai notabili Kalamuntu, Muswana e Yayana. Secondo Ngapono, questo tipo di servizio non si paga; però insieme abbiamo deciso di dare ad ogni intervistato l'equivalente di 5 dollari. Rientrato in Italia, i tre notabili mi hanno scritto una lettera chiedendomi di pagare ad ognuno di loro 100 dollari. Dopo la consulenza con la mia famiglia, abbiamo inviato 285 dollari per evitare discussioni. Inoltre, le due donne non hanno accettato volentieri di farsi intervistare perché, in generale, le donne non prendono parte attivamente allo *Nsang,* hanno solitamente diritto solamente di ascoltare. Per questo motivo, qualcuna si è umilmente rifiutata di farsi intervistare non sapendo niente o granché. L'ignoranza e la mancanza di interesse per lo *Nsang* sono citate tra le difficoltà che pone giustamente la sua pratica oggi, soprattutto nelle città.

Per la registrazione dello *Nsang* e delle interviste, abbiamo utilizzato i cellulari, la macchina fotografica, un registratore e due video camere. In modo tale da avere sia fotografie, sia i filmati. È il metodo fenomenologico di Csordas che abbiamo seguito. Non abbiamo avuto bisogno dei dati speciali (diversi o particolarmente corporei) e non abbiamo immaginato [101] una tecnica per misurare essenziali e misteriose emanazioni esistenziali dall'essere e dal corpo. Ci siamo soffermati sull'immediatezza dell'esperienza corporea. Abbiamo osservato la posizione adottata da tutti e come gli intervistati si alzavano per ballare o per eseguire un gesto o atteggiamento. Come tutti gli intervistati e i partecipanti allo Nsang siamo stati seduti. Ci siamo alzati, e abbiamo cambiato posizione (sempre rimanendo in piedi), solo per fare le foto e i filmati davanti e di lato, da vicino e da lontano (per una buona qualità e vista delle persone e dell'entourage). Abbiamo cercato di affinare la nostra percezione su questi gesti e attitudini corporee nella misura in cui «restituiscono l'immediatezza incorporata del vissuto e la dimensione esperienziale intercorporea più efficacemente delle descrizioni verbali e dei significati già costituiti» [102]. Ci siamo quindi occupati del corpo, con il corpo, per costruire una fenomenologia culturale. Abbiamo evitato di isolare il nostro corpo (ricercatore) da quello dell'intervistato (osservato).

Detto ciò, il discorso sullo strumento in disamina verrà affrontato in sei punti, quali sono: il concetto, la tipologia, i partecipanti, lo schema, le inconvenienze e i valori promossi. La fonte primaria della riflessione sono ovviamente le interviste e i tre *Nsang*. Le riflessioni degli autori vari costituiranno la fonte secondaria.

3.1. Concetto

È importante precisare fin dall'inizio il significato dello *Nsang* secondo i nostri intervistati. Essi si accordano per affermare che questo concetto vuole dire "corte abituale" (*tribunal coutumier* in Francese) [103] chiamato anche tribunale che risolve i fatti tradizionali [104], problema da risolvere [105] non da solo ma dalle persone riunite [106]. Secondo loro, due sono i significati: sia il problema stesso che divide due persone o famiglie, sia il tribunale che lo risolve. A questi significati s'aggiunge un terzo: anche la multa che si paga alla fine del processo che viene chiamata *Nsang* [107]. Il biblista Poucouta riconosce questo ultimo significato e quello di fatto tradizionale: «*Mais la palabre désigne et la maladie et le remède*

[101] Cfr. Csordas citato da R. MALIGHETTI-A. MOLINARI, *Il metodo e l'antropologia* ... cit. , pp. 202-204.

[102] Csordas citato da R. MALIGHETTI-A. MOLINARI, *Il metodo e l'antropologia* ... cit. , p. 205.

[103] Cfr. Intervista di C. Muswana del 2 marzo 2019; Intervista di H. Mukwa del 5 marzo 2019; Intervista di S. Luzala del 9 marzo 2019.

[104] Cfr. Intervista di R. Ngapono del 2 marzo 2019.

[105] Cfr. Intervista di L. Yayana del 2 marzo 2019; Intervista di A. Kululu del 3 marzo 2019; Intervista di C. Luzala del 3 marzo 2019; Intervista di J. Mabanza del 4 marzo 2019; Intervista di A. Busiete del 9 marzo 2019; Intervista di S. Luzala del 9 marzo 2019.

[106] Cfr. Intervista di J.C. Kalamuntu del 2 marzo 2019; Intervista di A. Mabanza del 9 marzo 2019.

[107] Cfr. Intervista di H. Mukwa del 5 marzo 2019.

à la maladie» [108]. Per contro, Kembe Ejiba valorizza la dimensione di fatto sociale e del tribunale: «*la palabre signifie, non seulement un échange de paroles mais aussi un drame social, une procédure et des interactions humaines. Elle "se veut un fait social significatif qui accorde une primauté voulue à la parole et au rituel réparateur"*» [109].

Non tutti i problemi sono di competenza dello *Nsang*. Infatti, alcuni problemi sono trattati esclusivamente dal tribunale di Stato; altri invece possono anche essere trattati dal tribunale tradizionale. Se questo non riesce a trovare la soluzione e porre la fine a un dato problema, uno potrebbe ricorrere al tribunale statale [110]. Si precisa che sono di competenza dello *Nsang* tutti i fatti tradizionali. Questi si intendono tutti i «fatti della vita che raggruppano il diritto penale, tradizionale e civile» [111]. L'espressione «persone riunite» fa pensare, da un lato, lo *Nsang* come problema, come fatto che viene trattato in pubblico (quindi non in segreto o di nascosto) e, d'altro lato, che le decisioni sono prese collegialmente da coloro che sono stati scelti per presiedere allo *Nsang* inteso nel senso di corte abituale.

Secondo questa etimologia, esso non è una chiacchierata che si tiene sotto l'albero della gente che non ha niente da fare e perciò decide di perdere il tempo nelle discussioni che non finiscono più. Invece, come scrive il massmedialogo Gilbert Mubangi, esso «*interroge le lien social e cherche à confronter ce qui fait tenir ensemble en interrogeant les images fondatrices de la société dans une mise en scène du vécu*» [112]. La sua definizione si avvicina a quella di J.G. Bidima : «*non seulement un échange de paroles mais aussi un drame social, une procédure et des interactions humaines. La palabre est donc une mise en scène, mise en ordre et mise en paroles*» [113]. Per i due autori, lo *Nsang* cerca di risolvere una crisi sociale. Per farlo, le persone si riuniscono e discutono (oralità) seguendo una certa procedura e andando a vedere nella stessa vita della comunità se ci sono già stati degli antecedenti e come sono stati risolti nel passato. Bourdieu critica l'approccio interazionista. Secondo lui, nell'analisi esso considera unicamente ciò che le pratiche e le rappresentazioni devono alla logica delle interazioni simboliche e alla rappresentazione che possono fare gli agenti, grazie all'anticipazione o all'esperienza, dell'azione degli altri agenti cui sono direttamente

---

[108] P. POUCOUTA, *Palabre africaine et réconciliation* … cit. , p. 41.

[109] KEMBE EJIBA, *Tel lieu, telle catéchèse. Catéchiser sous l'arbre à palabre en Afrique* … cit. , p. 82. Cfr. B. ATANGANA, *Actualité de la palabre*? … cit. , p. 461.

[110] Cfr. Intervista di J. Mabanza del 4 marzo 2019 e Intervista di H. Mukwa del 5 marzo 2019.

[111] Intervista di C. Muswana del 2 marzo 2019.

[112] G. MUBANGI BET'UKANY, *Système social et stratégies d'acteurs en Afrique. Les jeunes prêtres et l'Eglise du Congo*, Parigi, L'Harmattan, 2005, p. 221.

[113] J.G. BIDIMA, *La palabre, une juridiction de la parole*, Paris, Michalon, 1997, p. 10.

confrontati. Le relazioni tra diverse posizioni all'interno delle strutture oggettive si riducono a relazioni intersoggettive tra gli agenti che occupano queste posizioni. Tale approccio esclude implicitamente ciò che devono a queste strutture le rappresentazioni che gli agenti possono avere; inoltre, assume senza saperlo la teoria spontanea dell'azione secondo il quale l'agente (o le sue rappresentazioni) è il principio ultimo delle strategie capaci non solo di produrre ma anche di trasformare il mondo sociale (si ritorna alla visione piccolo borghese delle relazioni sociali come qualcosa che si fa e che ci si fa) [114]. La questione da risolvere adesso consiste nel sapere ciò che sono concretamente i cosiddetti fatti tradizionali o della vita.

3.2. Tipologia

Gli interlocutori sono unanimi nell'affermare che lo *Nsang* emette il verdetto sui tutti i fatti della vita qualora essi vanno contro la legge civile e penale tradizionali. A titolo illustrativo, essi hanno nominato la morte [115], il furto [116], la battaglia [117], lo stupro [118], il matrimonio [119], il disaccordo fra due fratelli [120], la lite, la festa [121], la contestazione di qualcosa (ad esempio: un campo per la coltivazione, le mucche) [122], la ferita a una persona, l'adulterio [123], discussione fra due donne in pubblico [124], il rapimento [125]. Come si può vedere esiste una infinità di tipologia di *Nsang* come fatti. Peraltro, gli intervistati si sono soffermati su alcuni *Nsang* dove sono stati direttamente coinvolti in quanto notabili (o giudici), parti in causa e partecipanti. La risoluzione di questi *Nsang* come fatti o problemi si è fatta sia in pubblico, che in famiglia inteso nel senso di privato, di riservato, di quadro ristretto. Nella prima categoria (*Nsang* pubblico) rientrano i casi di decesso, della macchina da cucire, del furto nella farmacia, di disaccordo tra gli sposi, del matrimonio. Nella seconda categoria

[114] Cfr. P. BOURDIEU, *Per una teoria della pratica* ... cit. , pp. 188-189.
[115] Cfr. Intervista di C. Muswana del 2 marzo 2019; Intervista di R. Ngapono del 2 marzo 2019; Intervista di J.C. Kalamuntu del 2 marzo 2019; Intervista di C. Luzala del 3 marzo 2019; Intervista di H. Mukwa del 5 marzo 2019; Intervista di A. Mabanza del 9 marzo 2019; Intervista di S. Luzala del 9 marzo 2019; Intervista di A. Busiete del 9 marzo 2019.
[116] Cfr. Intervista di C. Muswana del 2 marzo 2019; Intervista di H. Mukwa del 5 marzo 2019; Intervista di S. Luzala del 9 marzo 2019; Intervista di A. Busiete del 9 marzo 2019.
[117] Cfr. Intervista di C. Muswana del 2 marzo 2019; Intervista di L. Yayana del 2 marzo 2019; Intervista di A. Kululu del 3 marzo 2019.
[118] Cfr. Intervista di R. Ngapono del 2 marzo 2019; Intervista di J. Mabanza del 4 marzo 2019.
[119] Cfr. Intervista di J.C. Kalamuntu del 2 marzo 2019; Intervista di C. Luzala del 3 marzo 2019; Intervista di H. Mukwa del 5 marzo 2019.
[120] Cfr. Intervista di J.C. Kalamuntu del 2 marzo 2019; Intervista di A. Busiete del 9 marzo 2019.
[121] Cfr. Intervista di C. Luzala del 3 marzo 2019.
[122] Cfr. Intervista di A. Kululu del 3 marzo 2019.
[123] Cfr. Intervista di L. Yayana del 2 marzo 2019; Intervista di H. Mukwa del 5 marzo 2019.
[124] Cfr. Intervista di L. Yayana del 2 marzo 2019.
[125] Cfr. Intervista di J. Mabanza del 4 marzo 2019.

(*Nsang* in famiglia) invece, ci sono i casi di disaccordo tra cognati per i soldi, della gravidanza della sorella minore (di cui l'autore era il cognato), dell'adulterio, di discussione sulle mucche, di stupro e del rapimento. Parleremo dettagliatamente di ognuno di questi casi a proposito della procedura e dello schema.

Prima di passare al punto successivo vogliamo spendere una parola sul perché e quando si svolge lo *Nsang* in famiglia. Nella sua intervista J. Mabanza insiste sulla necessità di valutare bene il problema da portare davanti allo *Nsang* pubblico per due motivi. Non solo «i nemici se ne possono approfittare per nuocere alle persone a causa del problema portato in pubblico» [126] ma anche perché i notabili possono moltiplicare gli *Nsang* per guadagnare. Secondo lui, la cattiveria umana e la spesa prevista dallo *Nsang* pubblico sono risposte alle due domande precedenti. Per conto suo, rispondendo alla domanda di sapere se era l'unico notabile o era con un altro nel caso di adulterio, Yayana dice:

> Ero con un altro notabile (*mbaku* in Kiyansi), il mio vice. Egli insistette per sostenere la mia posizione. Normalmente, disse, sono cose che non escono cioè non si dicono in pubblico. Come sono uscite, egli (Yayana) ha fatto bene a porre fine il problema. Non aggiunge più niente [127].

A causa della loro delicatezza e rispetto per le persone e per la *privacy*, le questioni relative alla sessualità, meglio alla vita intima, non vanno trattate in pubblico. Ci poniamo la domanda se i due notabili non sono già il pubblico? Se non era meglio risolvere questa situazione di adulterio privatamente tra il marito della donna adultera e l'uomo adultero? Secondo l'intervistato, l'adulterio è condannato dal costume (o dalla tradizione). Ecco perché la situazione deve essere risolta, pagando in diritti che si chiedono secondo il costume, davanti a coloro che lo incarnano. Per lui, questa sarebbe la ragione per cui si ricorre allo *Nsang* in pubblico.

L'altra ragione è che, trovandoci nella cultura dell'oralità, la popolazione presente fa da testimone per il presente e soprattutto per il futuro, così come si legge nell'intervista di Scholastique Luzala: «La gente presente segue tutto. E se c'è bisogno, uno dei partecipanti dà la sua testimonianza su come era concluso il caso di *Nsang* precedente» [128]. La testimonianza consiste nel dire tutta la verità su come si era risolto il caso litigioso. Kululu insiste sull'aspetto della regolarità della procedura e della decisione-sentenza; per lui era normale la presenza del *Museng* «poiché tutti dovevano seguire lo svolgimento fino alla sentenza per

[126] Intervista di J. Mabanza del 4 marzo 2019.
[127] Intervista di L. Yayana del 2 marzo 2019.
[128] Intervista di S. Luzala del 9 marzo 2019.

evitare che qualcuno si lamentasse di essere stato trattato con ingiustizia» [129]. Lo *Nsang* si giudica in presenza della popolazione anche per le ragioni pedagogiche. In quanto scuola, riferisce S. Luzala, esso

> serve di esempio a coloro che avranno problemi nel futuro. Essi risolveranno i loro problemi tenendo conto delle decisioni degli *Nsang* precedenti. Secondo il costume, prima di concludere lo *Nsang* si pronuncia il detto: "Ta kam, ta ntik" cioè rivolgersi al problema precedente di un tale per vedere quale era la soluzione. Se la sentenza-soluzione ha funzionato, bisogna riprenderla per gli stessi problemi successivi [130].

Nonostante tutte questi ragioni, lo *Nsang* davanti al *Museng* (come anche quello svolto in cerchio ristretto) non risolve tutti i fatti. Alcuni di questi non hanno bisogno di rivolgersi al tribunale. Nel momento in cui vengono commessi, i testimoni agiscono per fare capire a coloro che hanno commesso tali fatti di avere sbagliato e li obbligano a pagare il danno compiuto dai presenti. Ngapono è l'unico intervistato ad accennare a questa tipologia di *Nsang*:

> Q/ Hai qualcosa da aggiungere? R: Il *Nsang* riguarda tutti i fatti civili: furto, stupro. Altro *Nsang*: quando eravamo bambini, se ti trovavano compiendo qualcosa di non lecito (flagrant de lit in Francese), non ci si rivolgeva al *Nsang*. In questa circostanza eri direttamente condannato dai presenti. Ad esempio, uccidevano il montone o un primo animale che transitava in quel momento per fartelo pagare come riparazione del male commesso [131].

Abbiamo personalmente assistito a questo caso da bambino. Benché diversa nella procedura, questa terza tipologia ha lo stesso scopo dei due primi: dare una lezione al colpevole con una pena o sanzione. Questo percorso sulla tipologia dello *Nsang* ci porta all'argomento dei differenti partecipanti.

3.3. Partecipanti

Secondo il parere di Mukabi Ngaluley Loudzou, lo *Nsang* come tribunale tradizionale ha tre istanze, che sono: il tribunale familiare (o interno), quello di località (o del villaggio) e quello del raggruppamento (*chefferie* in Francese) [132]. Le tre istanze sono presenti nelle interviste e nelle registrazioni da noi effettuate. E il tribunale tradizionale ha la sua configurazione (che chiamiamo qui con l'appellativo: partecipanti). Siccome le due prime istanze si svolgono in privato o in famiglia e l'ultima in pubblico, preferiamo parlare di

---

[129] Intervista di A. Kululu del 3 marzo 2019.
[130] Intervista di S. Luzala del 9 marzo 2019.
[131] Intervista di R. Ngapono del 2 marzo 2019.
[132] MUKABI NGALULEY LOUDZOU, *La fonction du juge dans la palabre africaine chez les Ding. Etude comparée au rôle du juge dans les procès matrimoniaux selon les c.c. 1676-1677*, in «Revue africaine des sciences de la mission», nn. 10-11 (1999), pp. 113-117.

partecipanti durante lo *Nsang* in famiglia e di quelli durante lo *Nsang* pubblico per motivi di chiarezza.

3.3.1. Nsang in famiglia

Nel caso degli *Nsang* tenuti in famiglia, i cinque partecipanti costanti (o obbligatori) alla risoluzione del conflitto causato dal fatto civico sono secondo la tabella 2 l'accusatore, l'accusato, le loro famiglie rispettive, il capo di raggruppamento e i notabili. Mentre gli accusatori, gli accusati e la famiglia dell'accusatore sono stati presenti fisicamente o per delega in tutti i casi raccontati dagli intervistati, gli altri partecipanti vi sono stati con una frequenza di 4. Possiamo dividere questi partecipanti in due categorie, sempre secondo la tabella.

3.3.1.1. Ministri del tribunale

Il capo di raggruppamento, il suo vice e i notabili formano il gruppo dei ministri dello *Nsang*, con ruoli ben definiti.

Il capo di raggruppamento (*chef de groupement* ou *chefferie* in Francese) esercita il potere giudiziario per enunciare il diritto. Oltre a possedere una specie di diritto di veto e a essere il giudice per eccellenza, egli presiede effettivamente lo *Nsang* in alcuni ambienti:

> *En effet, «chez les noirs, le chef en général fait partie de la juridiction. Dans certains groupes, il préside très effectivement, mais le plus souvent, il ne possède qu'une espèce de droit de veto». Cela s'explique par le fait que le chef est lui-même le juge-né, naturel et le bouclier indispensable de sa communauté* [133].

Vegliare sulle loro popolazioni nei villaggi, convocare lo *Nsang* e presiedere, giudicare in caso di lotte tra individui o tra marito e moglie, e vegliare sui limiti territoriali (o geografici) delle loro giurisdizioni, delle foreste e dei fiumi nei loro territori sono le responsabilità dei capi di raggruppamento Yansi secondo il sociologo Médard Kingata [134]. La convocazione dello Nsang da parte del capo si fa dopo aver ricevuto la denuncia e deciso insieme ai suoi notabili del giorno, dell'ora e del luogo della seduta (dentro la capanna o sotto l'albero).

Il vice capo di raggruppamento è la figura che, insieme al capo di raggruppamento, esercita il potere giudiziario per enunciare il diritto. Fa parte della famiglia del capo e viene preparato da quest'ultimo per la sua successione.

---

[133] MUKABI NGALULEY LOUDZOU, *La fonction du juge dans la palabre africaine chez les Ding*... cit., p. 118.

[134] Cfr. M. KINGATA MUNSIAL, *Bagata e migrations Yansi et Apparentes. Récit. Tashiar, le tout premier grand chef Yansi*, Kinshasa, King, 2015, p. 161.

Il capo di Capo di località (o di villaggio) ha la missione di fare prosperare il villaggio ed è giudice secondo Mukabi: «*C'est ainsi que quand on demande à un mukongo c'est qu'un chef du village, il répondra: "yu utomisa gata = celui qui fait prospère tout le village ou encore, Nzonzi kwandi = c'est un juge de palabre", le chef est donc essentiellement juge*» [135]. Nell'unico tribunale di località che abbiamo incontrato, quello relativo all'adulterio, il capo di località convoca lo *Nsang* e lo presiede insieme al suo vice, comunicano la sentenza-decisione al colpevole e dà le raccomandazioni alle parti.

Con la parola "notabili" s'intendono i saggi di una certa fama che aiutano come consiglieri il capo a governare la comunità, a vegliare che sia sempre fatta giustizia, a illuminare i punti di vista degli esperti, a difendere il popolo e a controllare le attività del capo e dei giudici [136]. Essi possono convocare lo *Nsang* (come nel caso della gravidanza) e presiederlo all'assenza del capo di raggruppamento o di località.

3.3.1.2. Altri componenti

Sotto questo appellativo mettiamo l'accusato e la sua famiglia, l'accusatore e la sua famiglia, la famiglia della sposa adultera, il *Museng*, il nonno paterno dell'accusatore, la sposa adultera, gli zii paterni dell'accusato, lo zio paterno dell'accusatore e lo zio materno dell'accusato.

Interpellato dalla giustizia, l'accusato viene considerato come autore dell'atto presunto illegale. Egli si deve difendere dall'accusa fatta contro di lui; si deve difendere [137] da solo o tramite il suo delegato.

Si costituisce come accusatore la parte che si sente offesa nei suoi diritti, che va dal capo di raggruppamento, da quello della località o dal notabile a fare la denuncia per l'infrazione di cui si sente vittima e chiede che giustizia gli venga fatta dicendo lo *Nsang* [138]. La denuncia viene fatta da lui stesso o da uno suo parente (come nel disaccordo tra i cognati per i soldi e nel caso della rapina).

Per solidarietà alla parte chiamata a difendersi (accusato), i parenti di sangue l'accompagnano al luogo del processo e prendono parte a tutto il dibattito. In questo modo, il suo problema diventa anche quello di tutta la famiglia biologica o allargata (*clan* in Francese).

---

[135] MUKABI NGALULEY LOUDZOU, *La fonction du juge dans la palabre africaine chez les Ding*... cit., p. 118.
[136] Cfr. MUKABI NGALULEY LOUDZOU, *La fonction du juge dans la palabre africaine*... cit. , pp. 118-119.
[137] Cfr. *Ivi*, p. 120.
[138] Cfr. *Ibidem*.

Dietro c'è la concezione che, pur essendo individuali i conflitti, fanno stare male tutti quanti. In effetti, un proverbio di Madagascar dice: «*Lorsque deux personnes se battent dans la poussière, les deux se salissent, lorsque deux personnes se battent dans l'eau, les deux se mouillent*» [139]. Quindi è necessaria la riconciliazione tra loro.

Anche colui o colei che chiede di essere ristabilito nei suoi diritti (accusatore) non viene abbandonato a se stesso. Egli viene seguito dai parenti al luogo del processo e viene sostenuto fisicamente e moralmente da loro. Come già accennato, il suo problema diventa anche quello di tutta la famiglia.

La donna sorpresa in flagranza di adulterio era circondata dai suoi familiari che contribuirono al pagamento di una parte della cifra richiesta come diritti per il reato commesso e la multa (all'occasione,la famiglia aveva perso tanti soldi, dice l'intervistato) e prese l'impegno, su raccomandazione dei due notabili, di consigliare la loro figlia perchè non accadesse ancora.

Anche se lo *Nsang* ha luogo in famiglia, esso si svolge davanti al pubblico ben selezionato composto in generale dai parenti. Questo pubblico è la popolazione (*Museng)*; cioè,

> *toute personne désireuse d'y assister, de s'informer et au besoin de s'instruire. Les passants et même les étrangers peuvent y prendre part comme spectateurs, tout en observant la discipline ; car la palabre africaine constitue un haut lieu du savoir, toute une école de vie et aussi le carrefour où se tissent des relations nouvelles* [140].

Più motivazioni attraggono le persone al luogo dello *Nsang* come scuola di vita secondo la citazione. Il suo intervento consiste nel porre le domande a tutte e due le parti per cercare di capire meglio la situazione, al fine di aiutarle a fare pace.

Al termine di questo paragrafo dedicato alla configurazione dello *Nsang* in famiglia occorre trarre alcune conclusioni. Innanzitutto, il problema di un membro della famiglia è anche quello di tutta la famiglia. Questo giustifica gli interventi dei differenti componenti della famiglia da noi elencati. Inoltre, la natura del caso o fatto impone la scelta di comunicarlo davanti allo *Nsang* in famiglia. Su 6 casi di studio, 4 riguardano la sessualità (gravidanza, adulterio, stupro e rapina), 1 i soldi e 1 l'allevamento delle mucche. Possiamo parlare qui dei tre poteri tradizionali che sono all'origine dei guai dell'uomo e della donna, in occorrenza: l'avere, il potere e il sesso. In altri termini è la delicatezza dei fatti che richiede

---

[139] P. POUCOUTA, *Palabre africaine et réconciliation* … cit. , p. 41.
[140] MUKABI NGALULEY LOUDZOU, *La fonction du juge dans la palabre africaine chez les Ding*… cit., p. 122.

che essi vengano risolti in un cerchio ristretto. Ma essa è l'unica ragione per la quale si sceglie di andare in giudizio allo *Nsang* in privato? Torneremo su questa questione nel punto dedicato agli inconvenienti dello *Nsang*. La *privacy* (rispetto delle persone, loro fama e loro dignità) non sarebbe forse la ragione principale? Assolutamente no, poiché un conto è parlarne davanti allo *Nsang* in famiglia, un altro è mantenerne il segreto. In genere, il problema viene conosciuto dai vicini di casa e da altri. A tale proposito, la dichiarazione di Yayana è molto istruttiva. Alla domanda di sapere se lo *Nsang* sull'adulterio era finito con il pagamento dei diritti da parte dell'uomo adultero e se i vicini e altre persone l'avevano saputo, egli risponde: «I vicini e la gente del quartiere erano informati, ma siccome il problema è stato risolto da me nessuno poteva fare niente» [141]. Dal canto suo, C. Luzala non è favorevole allo *Nsang* in privato, evocando l'assenza della testimonianza in futuro. Finché tutto va bene, non ci sono problemi. È quando avverrà una difficoltà in futuro, che ci si accorgerà del limite di questo tipo di *Nsang*. In quel momento, nessuno potrà testimoniare. Nella sua difesa dello *Nsang* in pubblico, egli dimostra che la questione del rispetto per il morto o per il colpevole è un falso problema. In una cultura dell'oralità, bisogna necessariamente andare in giudizio allo *Nsang* in pubblico. Egli dà la garanzia

> che il problema non scompare e rimane nella memoria di tante persone. Il *Museng* testimonia in caso di negazione di un fatto, di qualcosa che era già pagato durante lo *Nsang* passato. Inoltre, lo *Museng* aiuta i notabili, quando sbagliano strada, a ritrovare la strada giusta da seguire. [...] Infine, la nostra cultura è una cultura aperta, tutto si fa all'aperto e non di nascosto: si mangia fuori, ecc. Dopo lo *Nsang*, nessuno prende in giro il colpevole o lo vilipende [142].

Per lui, non solo lo *Nsang* in pubblico è una esigenza della cultura ma soprattutto ha una funzione di memoria per i partecipanti. La *palabre* si situa nel contesto della cultura dell'oralità. Tutto viene regolato con la parola. La strutturazione della vita comune si fa nella circolazione della parola tra diversi attori del gruppo. Nella *palabre* la parola si esprime fino a un certo livello per tirare fuori le verità puntuali a volte anche contraddittorie [143]. I partecipanti se le ricordano e le raccontano, si tramandano di generazione in generazione. A sua volta, J. Mabanza sostiene che la questione della mancanza di rispetto alla *privacy* riguardo lo *Nsang* in pubblico non si pone proprio. In altri termini, nessuno se ne preoccupa. Perché? La ragione è da cercare nella stessa logica dello *Nsang*; essa è ben chiara e conosciuta. Certo, esso corregge gli errori del passato e mette in guardia di non ripeterli nel

---

[141] Intervista di L. Yayana del 2 marzo 2019.
[142] Intervista di C. Luzala del 3 marzo 2019.
[143] Cfr. A. QUENUM, *Palabre africaine e quête de la vérité dans une Afrique morcelée*... cit. , p. 87.

futuro prossimo. Chiunque dimentica il passato e cade nello stesso fallo, gli verrà inflitta la stessa sanzione incorsa dai precedenti [144]. La sua argomentazione mette in chiara luce la forza dell'*habitus*.

Poi compete sempre alla famiglia dell'accusatore per i 4 fatti della sessualità (gravidanza, adulterio, stupro e rapina) chiedere i diritti da pagare all'autore del reato. Essi non si chiedono arbitrariamente. Anzi, essi sono chiesti conformemente ("secondo") al costume: in effetti, questo ha già stabilito i diritti da pagare per i singoli casi. Qui subentra il discorso della fedeltà e della continuità della tradizione yansi. Svilupperemo questo argomento più avanti. Da quanto dicono gli intervistati, capiamo che queste pratiche sociali impregnano il modo di fare e di ragionare dello Yansi e finiscono per fare parte delle sue strutture basilari. Ci viene da pensare appunto a Bourdieu. Secondo lui, le strutture costitutive di un tipo specifico di ambiente (per esempio, le condizioni materiali di esistenza caratteristiche di una condizione di classe), che possono essere colte empiricamente sotto forma delle regolarità associate a un ambiente socialmente strutturato, producono degli *habitus*. Il termine "disposizioni" è appropriato per esprimere il campo dell'*habitus* nel senso rispettivamente di *risultato di una azione organizzatrice* (senso vicino a quello di struttura), di *modo di essere*, di uno stato *abituale* (del corpo) e di una *predisposizione*, di una *tendenza*, di una *propensione* o di una *inclinazione* [145]. Tutto sommato, l'incorporazione dell'oggettività non è niente altro che l'interiorizzazione degli schemi collettivi e l'integrazione al gruppo. Il prodotto dell'esteriorizzazione di una soggettività strutturata in modo similare è interiorizzato mentre la dialettica dell'esteriorizzazione dell'interiorità e dell'interiorizzazione dell'esteriorità come prodotto dell'oggettivazione dell'interiorità delle generazioni passate stabilisce in pratica la continuità tra le generazioni [146].

Infine ci piace spendere una parola sul rapporto tra i ministri del tribunale e gli altri componenti. Non ci sono parole toccanti per esprimerlo se non quelle di Mukabi:

> *En sus, les tribunaux coutumiers sont plus naturels, familiers: les parties se sentent d'une façon ou d'une autre plus proches de ministres du tribunal; et ceux-ci connaissent ou s'efforcent de connaître à fond le problème des parties et mêmes les circonstances et éléments sous-jacents. Il s'établit entre eux des relations plus intenses et facilitent les pourparlers. La palabre africaine est vue dans ce contexte come quelque chose d'habituel, ordinaire, sans beaucoup de traumatisme. Les interviews*

[144] Intervista di J. Mabanza del 4 marzo 2019.

[145] Cfr. P. BOURDIEU, *Per una teoria della pratica* ... cit. , p. 206 nota 39.

[146] Cfr. *Ivi*, p. 212.

devienment «faciles» et le procès perd en soi quelque chose de son caractère judiciaire en faveur d'une altérité plus transparente et commode à tous [147].

Il segreto della riuscita dei rapporti fra i diversi partecipanti si trova nella condivisione da parte loro di una unica e comune preoccupazione maggiore; che consiste nel rendere nuovamente regolare le relazioni turbate fra le parti. Come dice Turner, le loro strutture affettive convergono verso il dramma sociale ch'è lo *Nsang*. Tutti vivono in tensione fra la rottura provocata dalla crisi da risolvere e la sua risoluzione, da una parte, e il sentimento profondo di loro appartenenza comune alla comunità, dall'altra parte. E cercano attraverso la performance rituale, con i suoi codici logici e cognitivi, di raggiungere una buona comprensione collettiva e individuale del conflitto [148]. Una volta regolarizzate le relazioni, la società si re-dinamizza e la comunità assume un nuovo aspetto.

3.3.2. Nsang pubblico

Cinque fatti della vita sono statti l'oggetto delle interviste e dello svolgimento dello *Nsang*. La frequenza degli interventi dei differenti protagonisti aiuta a capire che tutti gli *Nsang* non si assomigliano. Nessuno di loro comprende tutti i partecipanti. Solo tre partecipanti sono costanti in tutti e cinque i fatti studiati (e cioè accusato, accusatore e notabili). Il che vuol dire che, secondo gli intervistati, lo *Nsang* si svolge normalmente quando ci siano questi tre elementi. Poi seguono il capo del raggruppamento e il *Museng* con frequenza 4, la famiglia della sposa e dello sposo con la frequenza 2. Gli altri hanno come frequenza 1. Anche in questi *Nsang* ritroviamo la categorizzazione in due gruppi dei partecipanti. Di conseguenza, parleremo solo dei partecipanti che non c'erano negli *Nsang* in famiglia.

3.3.2.1. Ministri del tribunale

Il capo di località, il capo di raggruppamento, il suo vice e il suo segretario, il giudice e i notabili costituiscono i ministri dello *Nsang*.

Il giudice è colui che comunica la decisione dei notabili cioè ciò che spetta a ciascuna parte, e che dà loro i consigli per il loro benessere futuro. Ciò è ben evidenziato nella conclusione della registrazione dello *Nsang* tra gli sposi. Dall'opinione di Mukabi, oltre a dare i consigli, egli risolve la controversia delle parti, le riconcilia, unifica i membri e ricostruisce la comunità [149]. La vocazione del giudice è quindi riducibile all'arbitraggio:

---

[147] MUKABI NGALULEY LOUDZOU, *La fonction du juge dans la palabre africaine chez les Ding*... cit., p. 140.
[148] Cfr. V. TURNER, *Dramatic Ritual/Ritual Drama: Performative and Reflexive Anthropology* ... cit. , p. 88.
[149] Cfr. MUKABI NGALULEY LOUDZOU, *La fonction du juge dans la palabre africaine* ... cit., p. 122.

L'arbitrage est donc à la base de l'exercice de la justice et même lorsqu'il faudra porter un jugement, celui-ci, qui désignera le gagnant, parfois par des marques colorées, se voudra fruit de discussion et de compromis. L'objectif suprême poursuivi est la préservation de l'unité du groupe et c'est à éviter les ruptures irrémédiables des relations que les juges emploient le principal de leur art [150].

Nel suo arduo e difficile arbitraggio, il giudice deve fare tutto per non dividere il gruppo e rompere i rapporti esistenti fra le persone; rapporti resi fragili dal conflitto in corso.

Il segretario appare seduto davanti a un tavolo accanto al capo di raggruppamento unicamente durante lo *Nsang* sulla macchina da cucire. Il suo ruolo è di scrivere il processo verbale su un quaderno con la penna. Si tratta di un lavoro impegnativo che richiede l'attenzione, l'ascolto, la comprensione di ciò che viene detto e soprattutto la fedeltà nel riportarlo.

3.3.2.2. Altri componenti

In questa categoria entrano l'accusato, l'accusatore, la famiglia della sposa, quella dello sposo, il marito della giovane sposa, il *Museng* e il nonno materno.

Alla domanda del nonno materno di sapere se è stato pagato il *Kitwil*, il marito della giovane sposa risponde con una affermazione. Ha pagato tutti i diritti del matrimonio al suocero, ma non capisce perché sua moglie ha tante difficoltà (ad esempio, le malattie) e vuol sapere se non erano arrivati al nonno. La logica che esiste dietro ~~a~~ questo modo di parlare viene palesemente esplicitata da Muswana: «secondo il costume è il nonno che deve beneficiare dei miei (del nipote) soldi» [151].

Nello stesso *Nsang*, il nonno materno domanda di essere rispettato e usufruire dei diritti che gli spettano ogni volta che si sposa una sua nipote. Non avendoli ottenuti chiede che gli vengano riconosciuti e pagati. Dunque, riconosce implicitamente di essere il presunto autore dei malanni della nipote perché si era lamentato di non avere preso i suoi diritti. In questo caso, scrive l'antropologo Hermann Hochegger, la maledizione della nipote viene usata a scopo correttivo:

A travers la malédiction, la personne en colère cherche un moyen de changer une situation intolérable. Ainsi, les parents qui lancent à leurs enfants têtus des malédictions, utilisent ces rites comme fouet qui rarement manque son effet. Maudire une personne adulte représente souvent un moyen de le forcer à partager les fruits de son travail avec ses parents, avec sa femme et ses enfants. Le chef de terre maudit la terre, lorsque les gens lui refusent le tribut. Le créancier lance une malédiction à son

[150] J. LOHISSE, *Le tambourineur et le scribe*, Louvain-la-Neuve, Academia, 1987, p. 41.
[151] Intervista di C. Muswana del 2 marzo 2019.

débiteur pour qu'il paie sa dette, un mort peut maudire ceux qui négligent de lui offrir du vin, etc. [152].

Morale della favola, bisogna rispettare ognuno dandogli ciò che gli spetta. L'acqua simboleggia l'elemento purificatore dei cuori, mentre il lavaggio delle mani (compreso il fatto di mangiare insieme alla fine) è il gesto della riconciliazione, del ritorno dell'armonia [153]. Il doppio effetto del consenso è la fine delle maledizioni e la riconciliazione del nonno con la famiglia della figlia che il demonio della discordia e della morte aveva diviso [154].

Bisogna constatare che, nello *Nsang* svolto in presenza del *Museng*, i differenti interventi dei protagonisti si svolgono in un clima familiare. Anche le decisioni si prendono nello stesso spirito di famiglia poiché lo scopo è la risoluzione del problema che divide le parti in causa, per la loro pace e l'armonia, ma anche per quelle di tutta la Comunità locale intesa come famiglia allargata. Come si sa, la famiglia in Africa ha una grande importanza e non si rinchiude nei limiti della famiglia biologica composta da padre, madre e figli (quando ci sono). Sono inclusi nella famiglia anche gli amici, i parenti, le conoscenze e gli alleati. In essa le discussioni non mancano, e come vengono idealmente superate a volte con l'aiuto degli altri, così la popolazione riunita è chiamata ad aiutare coloro che vivono divisi a riconoscere gli errori commessi e a ripararli secondo il costume.

Tutti e undici gli *Nsang* registrati nelle interviste si ritrovano con le quattro fasi principali di ogni azione pubblica, del dramma sociale secondo Turner: la rottura dei normali rapporti sociali, la crisi che ne consegue (con l'allargamento della rottura in genere), l'azione riparatrice (consiglio personale e arbitrato, apparato giudiziario formale e legale, rappresentazione dei riti pubblici) e la reintegrazione del gruppo sociale ribelle o il riconoscimento e la legittimazione di uno scisma irreparabile fra le parti in contesa [155] (cfr. tabella 4). Turner direbbe che sono drammi sociali [156].

Un dramma sociale viene inteso da Turner come «unità di processo sociale anarmonico o disarmonico che nascono in situazioni di conflitto» [157]. I conflitti sono stati risolti e la reintegrazione del gruppo sociale ribelle si è fatta dopo i processi. Peraltro, continua l'autore, i drammi sociali entrano nella categoria della performance "sociali" mentre

---

[152] H. HOCHEGGER, *Le langage symbolique des rites zaïrois. Expérience de terrain,* in «Revue africaine des sciences de la mission», n. 1(1994), p. 361.
[153] Cfr. P. POUCOUTA, *Palabre africaine et réconciliation* ... cit., p. 42.
[154] Cfr. YOKA LYE MUDABA, *La Conférence nationale souveraine au Zaïre: la palabre ensorcelée* ... cit., p. 71.
[155] Cfr. V. TURNER, *Antropologia della performance* ... cit., p. 148-149.
[156] *Ivi*, p. 149.
[157] V. TURNER, *Antropologia della performance* ... cit., p. 148.

i drammi estetici o teatrali in quella della performance “culturali”. La presentazione di sé nella vita quotidiana o la performance è così la materia base della vita sociale [158].

Inoltre, le componenti affettive, cognitive e intuitive di ogni esperienza vissuta si ritrovano in ognuno di loro. E esse hanno un legame stretto fra di loro. La cognizione prende il sopravvento nella fase di riparazione perché tutti i partecipanti capiscono o si fanno una idea più o meno chiara dell’accaduto; le parti diventano più coscienti delle loro responsabilità condivise (infatti, lo *Nsang* non è una gara da calcio dove c’è un vincitore e un perdente, piuttosto è scuola di fratellanza) e accettano razionalmente la realtà del cambiamento [159]. Gli interventi dei diversi protagonisti dello *Nsang* seguono un certo ordine. Il che vuole dire che esso ha il suo ordinamento, il suo schema. È ciò che intendiamo analizzare adesso.

3.4. Schema

Dalle interviste e dalle registrazioni emerge il seguente schema dello *Nsang*: presentazione del problema, introduzione delle parti, racconto dell’accusatore, domande della gente, racconto dell’accusato, domande, racconto dei familiari o testimoni (non sempre), domande, delibera dei notabili, comunicazione delle decisioni (colui che ha ragione/torto), comunicazione dei diritti e della multa da pagare, il loro pagamento all’immediato (e imposizione della scadenza per il loro pagamento in caso di debito), consigli (o orientamenti o raccomandazioni), condivisione del cibo e della bevanda (non sempre).

Questo schema consente di capire la logica interna propria dello *Nsang* come tribunale, che viene espressa nella frase «*bar ba tien Nsang*» (in Kiyansi); cioè «essi parlano ovvero discutono davanti allo *Nsang*». Questa è una chiacchierata tra persone riunite dove uno fra i presenti può tranquillamente, e nel rispetto, esprimere la sua opinione, ma sotto il coordinamento del capo di raggruppamento ~~o~~ di località o dei notabili. La sua logica è quindi quella di essere una chiacchierata. Tutto è da costruire, da giocare e niente è già stabilito in anticipo. Al suo centro, ci sono due persone che non vanno d’accordo a causa di un problema che li divide. Come è naturale che gli uomini vivendo insieme abbiano qualche attrito, è allora normale che cerchino di risolverlo grazie alla mediazione di tutta la Comunità. È questa l’idea che intendeva esprimere Muswana quando affermava:

> Secondo il costume, nsinga ya famiglia ke bendanaka kansi yo ke zenganaka ve (in Kikongo); cioè il filo della famiglia si estende, però non si rompe mai. Bisogna fare tutto per riconciliarli. Se le famiglie erano serie avrebbero fatto pace tra loro. Lo

---

[158] Cfr. V. TURNER, *Antropologia della performance* … cit. , p. 159.

[159] *Ivi*, p. 172.

Nsang non si svolge per i morti ma per i vivi. Per aiutarli a evitare nel futuro gli stessi problemi [160].

Egli risponde alla domanda: «Non pensi che lo *Nsang* come detto da voi non protegge la gente, ma esponga la gente al pubblico: volete che le famiglie si riconcilino o si dividano? » Poiché le parti in causa non sono in grado di sedersi e di risolvere il loro problema da soli, il capo di raggruppamento o di località o i suoi notabili informati dei fatti li convoca e li ascolta davanti a tutti. Ognuno di loro ha il suo tempo e il suo turno per parlare. Le domande del *Museng* non mirano a metterli in difficoltà; anzi vogliono aiutarli a chiarire i punti d'ombra dei loro discorsi oppure di accennare a qualche cosa che è stata omessa volontariamente o involontariamente, al fine di vedere la strada giusta da prendere per aiutarli a fare pace, a riconciliarsi. La delibera in disparte o quando sono stati mandati via dal luogo dello *Nsang* ha lo scopo di cercare la decisione da comunicare al *Museng*, e i diritti e la multa da chiedere al colpevole. Dando ragione a colui che ha ragione e torto a colui che ha torto, comunicando i diritti e/o le multe da pagare, si cerca di applicare la giustizia e di esporre il diritto tradizionale. Le decisioni dello *Nsang* mirano ad aiutare la gente e le famiglie in causa a trovare il consenso, l'armonia interrotta dal conflitto e nel contempo servono da lezioni al resto della popolazione. Esse si prendono e si eseguono sempre nel rispetto e secondo il costume. In questo senso sono interpretati i diritti e le multe inflitti ai colpevoli. Sono delle correzioni, delle riparazioni e servono a avvertire i presenti di non cadere nello stesso problema in futuro per non incorrere la stessa sanzione. Questa dimensione di correzione è stata molto sottolineata dagli intervistati (Muswana, A. Mabanza, C. Luzala, J. Mabanza). Invece, l'accettazione di pagare la multa viene interpretata da Ngapono come «il riconoscimento-riparazione dell'errore commesso. Lo scopo è il ristabilimento della pace; è la riconciliazione» [161]. Secondo gli intervistati, il riconoscimento della colpa e la sua riparazione sono resi possibili grazie alla mediazione dello *Nsang*. In altri termini, l'autorità di quest'ultimo e della tradizione che rappresenta viene riconosciuta dal colpevole pagando sia i diritti che la multa; al tribunale che ha pronunziato la sentenza viene riconosciuta l'autorità.

Lo *Nsang* fa quindi ufficio da coordinazione sociale. Secondo Turner, quest'ultima ha il fine preciso di regolare il conflitto che è inerente al raggruppamento delle persone. Esso nasce perché le persone che formano il raggruppamento si assomigliano fra loro e nello stesso

[160] Intervista di C. Muswana del 2 marzo 2019.
[161] Intervista di R. Ngapono del 2 marzo 2019.

tempo sono differenti. La coordinazione sociale entra in gioco per ricucire l'integrazione sociale minacciata di rottura a causa della crisi generata del conflitto:

> Il modello di cultura come insieme di personalità non esclude il conflitto; piuttosto l'inclusione nella cultura delle differenze e delle somiglianze tra le personalità fa della coordinazione sociale uno degli scopi principali che questo modello si propone di raggiungere. Le differenze possono portare al conflitto o alla complementarità. Le percezioni di comunanze e differenze sono esse stesse dei costrutti che possono talvolta mascherare il loro opposto [162].

La coordinazione sociale si presenta come l'ideale verso il quale tende il modello di cultura. Lo *Nsang* gioca il ruolo di coordinazione sociale. Come lo *Nsang*, che ha servito da mediazione nel processo di riconciliazione, anche il corpo del colpevole serve da mediazione nel doppio processo di esteriorizzazione dell'interiorità della propria colpa e dell'interiorizzazione dell'esteriorità della cultura. Bourdieu chiama conoscenza *prassiologica* la conoscenza che viene fuori da questo duplice processo di interiorizzazione dell'esteriorità e di esteriorizzazione dell'interiorità [163]. Essa impone di rompere con il modo di conoscenza oggettivista; infatti interroga le condizioni di possibilità e i limiti del punto di vista oggettivo e oggettivante che coglie le pratiche dall'esterno (come un fatto compiuto) e che non costruisce il principio generatore collocandosi nel movimento stesso della loro effettuazione [164].

D'altro canto, il cibo e le bevande che si condividono alla fine dello *Nsang* sigillano la riconciliazione appena realizzata e significano la pace ritrovata. Kalamuntu lo dichiara apertamente: «Il mangiare insieme è il pranzo di riconciliazione, di riparazione; lo *Nkwe*. Se dopo il pranzo, qualcuno va ancora a negare il problema, lo *Nkwe* lo perseguirà» [165]. In questo contesto, lo *Nkwe* viene usato come metafora per dire che il pranzo condiviso serve da testimone. Il commensale che tradirebbe la riconciliazione fatta verrebbe punito dallo *Nkwe*. A sua volta, corroborando l'idea, J. Mabanza presenta il cibo condiviso tra le parti al termine dello *Nsang* come conseguenza logica della risoluzione comunitaria del conflitto che li divideva («Q/ Il gallo e la birra saranno consumati anche con loro come la prima volta? R:

---

[162] V. TURNER, *Antropologia della performance* ... cit. , p. 157.

[163] Per Bourdieu, esistono tre modi della conoscenza teorica: La conoscenza *fenomenologica* (o interazionista o etnometodologica) che esplicita la verità dell'esperienza primaria del mondo sociale cioè la relazione di familiarità con l'ambiente familiare, l'apprensione del mondo sociale inteso come mondo naturale che appare come ovvio, non riflette su di sé ed esclude la questione delle proprie condizioni di possibilità. Poi la conoscenza *oggettivista* (dell'ermeneutica strutturalista) che costruisce le relazioni oggettive (ad esempio, economiche o linguistiche) che strutturano le pratiche e le rappresentazioni delle pratiche cioè la conoscenza primaria, pratica e tacita, del mondo familiare a rischio di rompere con questa conoscenza primaria e con i presupposti implicitamente assunti che danno il contenuto di ovvietà e naturalezza al mondo sociale. Infine, la conoscenza *prassiologica* (Cfr. P. BOURDIEU, *Per una teoria della pratica* ... cit. , p. 185).

[164] Cfr. *Ivi*, pp. 185-186.

[165] Intervista di J.C. Kalamuntu del 2 marzo 2019.

Certo. Il problema si risolverà davanti al *Museng*» [166]). Le raccomandazioni che si fanno vanno tutte nella direzione della promozione dell'armonia sociale, del benessere individuale e collettivo: J. Mabanza evoca la raccomandazione fattagli alla fine dello *Nsang* di non portare via a Pano, lo stesso giorno, la nipote stuprata; Muswana ricorda la loro raccomandazione come notabili-giudici alle parti di "andare d'accordo" e di mandare oggi le persone nelle chiese a pregare. Dopo tutto ciò, i presenti possono tornare a casa felici di avere contribuito alla risoluzione del conflitto che metteva in crisi la vita dei fratelli e sorelle, di tutta la comunità. Nella loro gioia possono anche raccontare agli assenti ciò che era successo e come il problema è stato risolto in assemblea, soprattutto per servire da lezione nel presente e nel futuro a tutti i membri della comunità. A tale proposito, gli intervistati sono unanimi nel dire che lo *Nsang* non è per il passato; anzi è soprattutto per il futuro; cioè per aiutare la gente a non cadere negli stessi errori del passato in futuro. La definizione di Turner del sistema sociale sembra verificarsi qui. Esso è per lui una serie di processi liberamente integrati avendo alcuni aspetti che seguono modelli dati e alcune costanti formali, ma che sono controllati da principi di azioni contrastanti espressi in regole di costume spesso incompatibili fra loro a seconda delle situazioni [167]. Nonostante tutto, lo *Nsang* come iniziativa umana ha anche i suoi limiti; quindi non è perfetto. Il paragrafo seguente cerca di mostrarli.

3.5. Inconvenienze

Affrontare la questione delle inconvenienze dello *Nsang* è evocare indirettamente quella concernente i suoi vantaggi. Prima di soffermarci approfonditamente su di loro nel paragrafo seguente, vogliamo velocemente citarne alcuni: tutti i problemi che accadono finiscono quando interviene lo *Nsang*; le soluzioni che si prendono sono soluzioni amichevoli cioè lontane da ogni tipo di costrizioni (come potrebbe succedere nel tribunale di Stato); le parti in causa vanno in generale d'accordo al termine dello *Nsang*; nessuno aggredisce il colpevole.

Senza togliere niente al pregio dello *Nsang*, gli intervistati hanno rilevato alcune sue inconvenienze che raggruppiamo in due categorie. Nella prima categoria includiamo quelle che sono legate alla natura intrinseca dello *Nsang*. Come viene concepito e parlato, espone i partecipanti a non tenere il segreto, ma piuttosto a raccontare tutto ciò che è accaduto. Per prevenire le eventuali indiscrezioni dei partecipanti, si ricorre in alcuni luoghi allo *Nkwe* (è la

---

[166] Intervista di J. Mabanza del 4 marzo 2019.

[167] Cfr. V. TURNER, *Antropologia della performance* ... cit. , p. 148.

sabbia). Un notabile la prende a in mano e pronuncia quanto segue: «Ciò che abbiamo detto rimane qui. Se qualcuno lo va a riferire fuori, *Nkwe tsu* cioè *Nkwe* seguilo» [168]. Vale a dire che la persona venga punita da questa terra come sinonimo del feticcio.

Inoltre, la testimonianza alla verità dei fatti si trova condizionata dal rapporto esistente tra il testimone e la parte per la quale deve testimoniare. Come osserva C. Luzala, a volte «la gente non vuole intervenire per dire la verità nello *Nsang* in pubblico» [169]. Si tratta qui del problema delle preferenze. I partecipanti danno volentieri testimonianza alla verità quando si trovano in presenza di persone straniere; invece rifiutano di parlare contro i loro familiari. Così facendo, non aiutano lo *Museng* a capire meglio la situazione e i notabili a prendere le decisioni giuste. Ne consegue che lo *Nsang* verrà concluso senza però che avvenga la riconciliazione auspicata. Dare testimonianza alla verità significa prendere a cuore l'impegno dei vari protagonisti coinvolti nello *Nsang* di vincere definitivamente la violenza:

> *La recherche de toute la vérité constitue alors l'unique lieu sûr d'entente dans la confrontation. Il s'agit de crever l'abcès, de le vider jusqu'au bout, en s'exprimant, en assumant le passé même le plus laid, en amenant les éléments conflictuels latents, oubliés ou laissés de côté, à la lumière, c'est-à-dire face à la conscience e face à la communauté. On n'atteint pas la vérité, encore moins la justice, en passant par une autre voie* [170].

Non dire la verità significa rovinare ogni cosa. A questo problema di omissione della verità per non testimoniare contro il proprio parente o amico è legata la timidezza oppure la mancanza di coraggio della gente a porre le domande a colui che parla se non ha detto magari qualcosa d'importante e di utile [171]. Non aiuta lo *Nsang* a raggiungere i suoi obiettivi.

La delega costituisce un'altra inconvenienza. Abbiamo visto che alcune parti, non potendo esserci fisicamente per vari motivi, danno il mandato ai parenti di rappresentarli. Muswana sottolinea l'infedeltà di alcuni delegati nell'esprimere il pensiero delle parti da loro rappresentati. Concretamente, egli evoca il fatto che si nascondano alcune cose dette da loro, «che possono fare condannare la sposa» [172]. La pericolosità di tale comportamento non è da dimostrare. Va a finire che il colpevole viene dichiarato innocente e viceversa. Come le cose nascoste finiscono spesso per essere conosciute, la parte che ha delegato si difende dopo la condanna dicendo di avere raccontato tutto al delegato, gettando in tale modo la responsabilità su di lui. Per evitare tali "abusi" si chiede alle parti di parlare personalmente.

---

[168] Intervista di H. Mukwa del 5 marzo 2019.
[169] Intervista di C. Luzala del 3 marzo 2019.
[170] B. ATANGANA, *Actualité de la palabre?* ... cit. , p. 464.
[171] Cfr. Intervista di C. Muswana del 2 marzo 2019.
[172] *Ibidem.*

Il metodo seguito durante lo *Nsang* costituisce un'ulteriore inconvenienza. Non consente di fare le indagini prima e durante. In altre parole, non si fanno le indagini per conoscere tutta la verità sul problema a base dello *Nsang*. Piuttosto si procede per ipotesi. A partire dai racconti delle parti si arriva alla conclusione che un tale ha ragione e un tale ha torto. E quest'ultimo paga i diritti e le multe che gli sono stati chiesti. Anche se ha ragione in realtà, la condanna rimane. E tutti vanno via con l'idea chiara ch'è lui il colpevole [173].

La seconda categoria delle inconvenienze è di natura estrinseca cioè dipende dai fattori esterni allo *Nsang*. Due cose sono state evocate qui. Innanzitutto, il fatto di operare lo *Nsang* in pubblico viene inteso come una esigenza della cultura; infatti, secondo C. Luzala, questa vuole che tutto si faccia all'aperto. Ne consegue che gli stregoni, i partecipanti o i passanti possono approfittare del conflitto esistente per andare a nuocere alle persone o alle famiglie. Questo problema è stato sottolineato sia da A. Kululu, che da J. Mabanza e da Mukwa. Per prevenire questo cattivo comportamento si ricorre ancora allo *Nkwe* in alcuni luoghi secondo la testimonianza di costui: «Alla fine (dello *Nsang*) si avvertono tutti. Avete seguito come si è concluso lo *Nsang*. Se qualcuno ha un problema con uno degli interessati e approfitta di questo conflitto per fargli del male, lo «*Nkwe museng ekokanga ye*» cioè lo «*Nkwe* della popolazione lo prenderà» [174], per dire: lo punirà. Di seguito, la consulenza degli stregoni è un altro fattore esteriore che disturba lo *Nsang*. In genere sono gli stregoni che creano la divisione, il disordine nelle famiglie dopo il decesso citando gli innocenti come causa di quest'ultimo. E ciò che viene detto è dogma, parola di vangelo. Cosa a cui tutti credono. Purtroppo l'innocente viene spesso citato. Così egli viene condannato durante lo *Nsang* nonostante la sua dichiarazione d'innocenza. Non contento, egli andrà a mettere lo *Nkwe*, cioè il feticcio per uccidere la famiglia del reale autore del reato [175]. Succede che i giovani delle due parti si arrabbino, si picchino e si feriscano durante la seduta. «Meglio prevenire che curare», dicono. Aderendo a questo principio, la saggezza popolare istruisce la gente ad evitare ogni tipo di conflitto per non dovere soffrire dopo, secondo Hochegger: «*D'après la croyance populaire, il est très dangereux de vivre en conflit avec quelqu'un. Le cas de maladie, d'accident ou de mort sont toujours examinés sous l'optique des situations conflictuelles dans lesquelles la victime vivait*» [176]. La mentalità qui è che il conflitto porta fra le tante cose alla morte. Allora occorre mettere fine ad esso con la *palabre* che diventa in

[173] Cfr. Intervista di C. Luzala del 3 marzo 2019.
[174] Intervista di H. Mukwa del 5 marzo 2019.
[175] Cfr. *Ibidem*.
[176] H. HOCHEGGER, *Le langage symbolique des rites zaïrois. Expérience de terrain* ... cit. , p. 363.

questo senso l'antidoto contro la morte sociale [177]. A. Mabanza riferisce che la famiglia in lutto va a consultare gli stregoni per sapere quale è il capro espiatorio che ha causato quella morte, poiché gli africani non credono alla morte dovuta alla malattia naturale o alla vecchiaia [178]. Di solito, il capro espiatorio è lo stregone, gli antenati (perché sono stati dimenticati), i geni o spiriti della creazione (a causa della violazione dei tabù o delle leggi del clan) e raramente Dio. Egli (il capro espiatorio) colpisce l'individuo personalmente oppure il gruppo [179]. In altri termini, il fenomeno risulta dall'intenzione di una persona. Si tratta di una visione del mondo diversa da quella occidentale dove il fenomeno è causato da un altro fenomeno, dove le persone sono responsabili dei loro mali e successi e dove esse si impegnano per arrivare a controllare le situazioni. A tale proposito, il teologo Jean Marie Van Parys scrive quanto segue: «*Il y a, dans cette interprétation des événements, un grand manque à gagner dans la responsabilité, et dans l'engagement nécessaire pour arriver à maîtriser les situations*» [180].

Queste inconvenienze fanno pensare che lo *Nsang* sia qualcosa di negativo mentre invece non lo è. Tutti gli intervistati concordano nel dire che esso è positivo. Abbiamo già accennato ad alcuni suoi vantaggi all'inizio di questo paragrafo. Non sono però gli unici, come vedremo.

3.6. Valori promossi

La giustizia, la pace e la riconciliazione, la verità e la tradizione sono tre valori che lo *Nsang* cerca a promuovere. Cerchiamo ora di capire come avviene la loro promozione.

3.6.1. Lo Nsang al servizio della giustizia, pace e riconciliazione

Se mi viene chiesto di scegliere una immagine o metafora per designare lo *Nsang*, sceglierei lo strumento. Certo, questo ha una funzione specifica. Esso serve finché viene usato in determinati momenti e secondo la finalità per la quale è stato concepito o istituito. Questa verità viene applicata allo *Nsang*. Come strumento, serve anzitutto per mettere in pratica il diritto, per ristabilire la giustizia dove c'è stata ingiustizia; la pace dove c'è guerra e la riconciliazione dove c'è divisione. La vera riconciliazione passa necessariamente per la giustizia e per il rispetto di tutti. Senza giustizia non è possibile celebrare la riconciliazione nella verità [181].

---

[177] Cfr. YOKA LYE MUDABA, *La Conférence nationale souveraine au Zaïre: la palabre ensorcelée* ... cit. , p. 70.
[178] Cfr. Intervista di A. Mabanza del 9 marzo 2019.
[179] Cfr. P. POUCOUTA, *Palabre africaine et réconciliation* ... cit. , p. 40.
[180] J.M. VAN PARYS, *Réflexions prudentes sur la «sorcellerie»*, in «Telema», n. 1 (2011), p. 10.
[181] Cfr. P. POUCOUTA, *Palabre africaine et réconciliation* ... cit. , p. 45.

Tutto il processo dello *Nsang* è guidato dalla sete di giustizia. L'accusatore che si reca dal capo di raggruppamento o dal capo di località o dal notabile lo fa perché si sente offeso dall'avversario e privato di un diritto che gli è proprio. Per riaverlo, esso ricorre alla mediazione del garante della giustizia nella comunità locale. Questo, per agire nell'imparzialità cioè secondo la giustizia, si fa aiutare dai notabili (sempre al plurale) e dal *Museng*. Svolgere lo *Nsang* in pubblico è già giustizia secondo il parere di A. Kululu:

> Q/ Il fatto che lo *Nsang* operava davanti al *Museng* non ti è dispiaciuto? R: Per me era normale poiché tutti devono seguire lo svolgimento fino alla sentenza per evitare che qualcuno si lamenti di essere stato trattato con ingiustizia [182].

Secondo gli intervistati, lo *Nsang* finisce con il pagamento di ciò ch'è stato chiesto al colpevole. Pagare tutto davanti alla popolazione presente, prima di congedarsi, fa quindi parte della sua (dello *Nsang*) giustizia. Inoltre, le multe che pagano i colpevoli sono giustizia; meglio, sono un modo di praticare la giustizia verso i notabili:

> Q/ Qualcuno ha già il problema: ad esempio, ha pagato 22 milioni. Gli chiedono ancora di pagare 4 milioni 800 Zaire di multa: non è un modo di ucciderlo due volte? Quale è il senso della multa? R: Ecco il senso di «*ngie nga kwa linga linga linga linga*»; cioè «hai cercato da te lo *Nsang*. Devi pagare perché lo hai cercato da te». La multa è la ricompensa di coloro che hanno presieduto lo *Nsang*. Il tempo che avrebbero usato per fare i loro lavori personali, l'hanno perso a risolvere il tuo problema [183].

La citazione dà concretezza all'adagio: «Colui che lavora all'altare mangia all'altare». Con la stessa mentalità di giustizia vengono divise le multe fra i notabili e il *Museng*. Poiché tutti hanno partecipato ad esso, è normale che tutti si dividano le multe: «Le cose sono date anche al *Museng* o solo ai notabili? R: Si, ma distribuite contando i villaggi presenti nello *Nsang*; quindi non si danno agli individui» [184]. Le decisioni dei notabili si prendono secondo la giustizia cioè senza parzialità, sempre dal parere degli intervistati. Due fattori le orientano: i differenti interventi delle parti e il costume. Essendo lo *Nsang* un tribunale dei fatti civili, i notabili fanno riferimento alla tradizione per vedere ciò che essa prevede per questo caso e com'è stato risolto precedentemente. In questo modo evitano l'ingiustizia nelle decisioni da prendere per lo stesso problema ieri e oggi. La giustizia non è richiesta solo ai notabili in quanto devono praticare il diritto tradizionale. Essa è richiesta anche alle parti, soprattutto alla parte vincitrice nel momento di fissare i diritti e le multe da pagare. Non li deve chiedere in modo arbitrario. Al contrario deve chiedere unicamente ciò che prevede il costume (diritti

---

[182] Intervista di A. Kululu del 3 marzo 2019.
[183] Intervista di A. Busiete del 9 marzo 2019.
[184] Intervista di C. Muswana del 2 marzo 2019.

tradizionali) secondo Yayana: «Q/ Il marito non ha voluto divorziare, ma ha voluto semplicemente fare pagare all'uomo adultero i diritti che si chiedono in questi casi secondo il costume? R: Si» [185].

La giustizia non deve essere separata dalla pace essendo questa il fine dello *Nsang*. Come strumento, è al servizio della pace e della riconciliazione tra le parti in causa. Questi due aspetti vengono evidenziati nelle interviste di Muswana [186]. Secondo lui, La mancanza di amore, della fratellanza, di solidarietà e di serietà (per riprendere la sua espressione) nelle famiglie e la fragilità sono all'origine dei conflitti sociali. Lo *Nsang* si presenta come l'alternativa che le aiuta a ritrovare questi valori nel presente e nel futuro. Quando li avranno re-imparati, potranno sperare di vivere in pace. Prima di lui, Atangana aveva posto il problema in un contesto di rimessa in questione della solidarietà africana. Secondo lui, l'esistenza della *palabre* dimostra che la solidarietà meccanica e l'armonia ben fatta dalle comunità africane sono in crisi. Conoscono la divisione, la guerra e la morte. L'unità, la fratellanza e la solidarietà non sono più date per scontati. Diventano ideali verso i quali devono tendere e compiti ardui mai completamente compiuti. Questi valori si sono persi perché non tutti nella società osservano le leggi e i costumi e perché i diritti riconosciuti ad ognuno non sono sempre osservati. La mancata osservazione delle leggi e soprattutto di rispetto dei diritti sono in generale le cause delle *palabre* e dei conflitti [187]. Mzee Munzihirwaa conferma la dichiarazione di Muswana. Per lui, i conflitti sono sorti nei regimi che vivono della raccolta e della caccia a causa dell'avarizia del potere; cioè quando il capo aveva smesso di condividere con i suoi familiari e gli ospiti del villaggio il tributo che riceveva dalla gente. Questa avarizia ha condotto alla perdita del suo potere [188]. Come Muswana, C. Luzala ribadisce il concetto che lo *Nsang* viene fatto per la pace e la riconciliazione esclusivamente dei vivi, per il loro benessere presente e futuro. Coloro che sbagliano vengono corretti con le sanzioni che valgono anche come riparazione per i loro reati. La gente è contenta «dello *Nsang* perché cerca di mettere la pace» [189]. Il segreto della riuscita dello *Nsang* si trova quindi nell'aspirazione da parte di tutti alla riconciliazione, alla giustizia e alla pace, nel clima di fiducia reciproca che regna fra i ministri e le parti in causa, nella conoscenza di tutti; per questo motivo, il tribunale tradizionale viene detto sempre da un

[185] Intervista di L. Yayana del 2 marzo 2019.
[186] Intervista di C. Muswana del 2 marzo 2019.
[187] B. ATANGANA, *Actualité de la palabre?* … cit. , pp. 463-464.
[188] Cfr. MZEE MUNZIHIRWAA, *La grande palabre que nous appelons conférence nationale* … cit. , p. 347.
[189] Intervista di C. Luzala del 3 marzo 2019.

autoctono (capo di raggruppamento e di località per ciò che riguarda questo studio). Come scrive Mukabi, «*en Afrique noire, on écoute trop peu, celui qu'on ne connaît pas assez. C'est la raison pour laquelle les tribunaux Ding n'acceptent pas qu'un procès soit instruit et tranché par un inconnu ou un étranger*» [190].

La mancanza di giustizia, della pace e della riconciliazione è uno dei mali di cui soffre il mondo odierno in genere, e l'Africa in particolare. Nella RD. del Congo (il nostro paese), l'ingiustizia è diventata una normalità: gli operai della Società statale di trasporto Onatra lavorano tutti i giorni ma non sono pagati da più di 20 mesi, gli insegnanti sono male pagati mentre i deputati hanno un stipendio colossale (più di 3000 dollari al mese), i ricchi sono sempre più ricchi e vivono nei palazzi e nelle ville mentre i poveri sono sempre più poveri e vivono nelle *bidonvilles*, i bambini provenienti da famiglie povere non studiano, mentre quelli ricchi studiano nelle scuole di lusso o all'estero del paese. La pace sembra divenuta un sogno a causa della guerra all'est del paese dal 1994 e dell'insicurezza generalizzata nel resto del paese: la guerra tra tribù, tra gli autoctoni e i ribelli, tra l'esercito statale e le milizie rwandesi hanno causato la morte di migliaia di persone decimando famiglie intere, facendo tanti orfani di padre e/o di madre; l'esilio di famiglie e di popoli interi dentro e fuori del paese. Inoltre, essa è accompagnata dallo stupro delle bambine e delle ragazze con la conseguenza che numerose si ritrovano con le malattie sessualmente trasmissibili o precocemente a essere madri. Inoltre, per continuare la guerra, i bambini sono forzati a lavorare nelle miniere per fornire le materie prime alle forze armate, che vengono poi vendute per comprare le armi. Altri bambini sono costretti ad abbandonare la scuola per andare a combattere dopo una formazione precaria. Dappertutto nel resto del paese, i banditi armati e i militari creano la paura e l'insicurezza minacciando la gente, prendendo di forza le loro cose e uccidendola. Davanti a questa situazione caotica, l'aspirazione del popolo congolese è di vedere cambiare l'ordine delle cose per vivere un giorno nella giustizia, nella pace. L'avvento di un paese realmente democratico, dove si vive bene e serenamente, avverrà solo se si farà una vera riconciliazione personale, comunitaria e nazionale nella giustizia e nella verità. Le responsabilità dei colpevoli dovranno essere apertamente dichiarate e le correzioni fatte sotto forma di sanzione. La loro impunità fa sì che queste ingiustizie e insicurezze si perpetuino nel futuro. La forme di risoluzione dei conflitti sociali presso il popolo Yansi può essere d'esempio per il paese. Sappiamo però che tutte le esperienze dello *Nsang* presso i Yansi non

[190] MUKABI NGALULEY LOUDZOU, *La fonction du juge dans la palabre africaine chez les Ding*... cit., p. 141.

sono state positive per vari motivi. Anche sulla scala internazionale, le sue esperienze non sono state positive dappertutto. Se nell'Africa del sud la riconciliazione nazionale si è realizzata grazie alla grande *palabre* chiamata Conferenza nazionale sovrana, nella RD. del Congo quest'ultima "ha partorito un pipistrello" [191]. Nonostante queste esperienze negative, l'ideale dello *Nsang* vale la pena di essere promosso nel mondo. Ma senza verità è possibile parlare della riconciliazione nella giustizia e nella pace? Questo è l'argomento che vedremo adesso.

3.6.2. Lo Nsang al servizio della verità

Oltre a essere al servizio della giustizia, della pace e della riconciliazione, lo *Nsang* come strumento è anche al servizio della verità. Infatti, esso potrebbe essere definito scuola della verità e luogo dove si impara a dire la verità.

Innanzitutto, esso è la scuola della verità. Tutto è organizzato in maniera da «partorire la verità» (*accoucher la vérité* in Francese). Il *Museng* riunito insieme alle parti, ai rappresentanti del popolo e ai notabili vuole sapere la verità su ciò ch'è successo esattamente. I primi detentori di questa verità sono le parti in conflitto. Iniziano sempre loro a parlare. Sanno che la gente aspetta da loro che dicano solo la verità. Colui che dice bugie potrebbe subire delle conseguenze negative in vita sua. Per ricordare loro questo dovere di dire la verità, si usa mettere nel luogo dello *Nsang* lo *Nkwe*, cioè il testimone che costringe le persone a dire solo la verità e non le bugie. «Chiunque si permetterebbe di dirle subirà le conseguenze nefaste» [192]. Mentre parla qualcuno si sente a volte il mormorio nell'assemblea. Questo mormorio vuole dire che colui che parla sta nascondendo la verità, quella che possiede colui (o coloro) che mormora. In quel medesimo istante, viene interrotto colui che parlava e si chiede a colui (o a coloro) che mormora di rivelare la contro-verità in suo (loro) possesso. In nome della verità, lo *Nsang* si svolge davanti a tutti in modo tale che colui che sa qualcosa possa parlare, oppure colui che non condivide qualcosa detto dalla parte e/o dai notabili e giudici lo dica apertamente. Secondo gli intervistati, lo scopo è di fare trionfare la verità e realizzare la riconciliazione auspicata. In questo senso, anche il *Museng* nel suo intervento ha il dovere di dire la verità. Finito lo *Nsang* si va via senza rancore per la verità detta da un tale e la vita continua come se non fosse successo niente tra le parti in causa e nel paese.

---

[191] Cfr. YOKA LYE MUDABA, *La Conférence nationale souveraine au Zaïre: la palabre ensorcelée* ... cit. , p. 71.
[192] Intervista di C. Luzala del 3 marzo 2019.

In seguito, colui che è chiamato a emettere il giudizio durante *Nsang* ha anche lui l'obbligo di dire solo la verità. Dire la verità significa dire le cose come sono, dirle nell'oggettività [193]. Quando questa non è rispettata, colui che parla nello *Nsang* potrebbe conoscere le cattive sorti della sua vita: ad esempio, l'incidente, la malattia perfino la morte. A tale proposito, esiste un adagio: «*muntu ke tubaka makambu kefwaka na 8h00; munkwa makambu ke fwaka na 18h00*» (in Kikongo); cioè «colui che espone il problema muore alle ore 8:00 mentre il proprietario del problema (accusatore o accusato) muore alle 18:00» [194]. Il senso è il seguente: colui che dirige lo *Nsang* deve rispettare la verità dei fatti, dando ragione a colui che ha ragione e torto a colui che ha torto. Quando non la rispetta, gli innocenti condannati lo possono uccidere. In quel caso, egli muore prima di loro. E per arrivare alla verità, che non sempre viene detta subito dalle parti [195], coloro che emettono il verdetto nello *Nsang* devono seguire, ascoltare attentamente il mormorio della gente in assemblea e ciò che dicono le persone quando piangono perché lì si trova la verità; perché è in quella direzione che essi dovrebbero orientarsi. Durante la delibera, la valutazione delle varie dichiarazioni ascoltate dovrebbe essere fatta secondo la verità e con imparzialità. La stessa delibera viene motivata dalla preoccupazione di "partorire la verità" confrontando la verità personale, la conclusione individuale con quella degli altri giudici o notabili dopo avere ascoltato le varie dichiarazioni degli intervenuti. Vale a dire che lo *Nsang* e la delibera si fanno sempre in collegialità da quattro notabili o giudici, ma mai da solo. Perciò le decisioni si devono prendere nella e secondo la verità dei fatti. È proprio per non sbagliare il giudizio che si ricorre allora alla pratica di 4 pezzi di legno che rimandano infatti ai presunti colpevoli nel caso di decesso: padre, zio materno, nonno materno, moglie o marito. Muswana racconta come si arriva alla verità con essi: «Per condannare qualcuno (uno di loro 4), il notabile X getta un pezzo di legno davanti al presunto colpevole 1 (ad esempio). Y può contestare la scelta di gettare il pezzo di legno lì e ritirarlo per metterlo altrove (ad esempio, davanti al presunto colpevole 2). Il pezzo di legno può girare più volte (cioè cambiare più volte il posto) prima che venga trovato il consenso fra i giudici o notabili» [196]. In conclusione, lo *Nsang* che si svolge nella verità ha come risultato una migliore risoluzione dei problemi e questa

[193] Cfr. Intervista di L. Yayana del 2 marzo 2019.
[194] Intervista di C. Muswana del 2 marzo 2019.
[195] Cfr. Intervista di R. Ngapono del 2 marzo 2019.
[196] Intervista di C. Muswana del 2 marzo 2019.

conduce a una vera riconciliazione e pace tra le parti in causa. Prima di arrivarci, coloro che espongono i fatti hanno bisogno di essere aiutati dagli interessati che sono pregati di dire tutta la verità sul problema. Le loro questioni intervengono per cercare appunto di scoprire la verità quando si accorgono che qualcuno non l'ha detta tutta.

Possiamo a questo punto chiederci ciò che motiva le parti e i giudici o notabili a dire solo la verità: forse la paura della morte? Forse la presenza costringente del *Kwe* come testimone? Mukabi aveva già accennato al fatto che si ascolta abbastanza la persona conosciuta in Africa e che il processo della pace e della riconciliazione viene istruito e concluso da uno conosciuto. Ci sembra di capire che la conoscenza reciproca tra le parti in causa e gli addetti allo *Nsang*, giudici, favorisca già il clima di ascolto e di fiducia tra loro. Questo è importante perché rompe le barriere che potevano esistere presso gli uni e gli altri, crea un sentimento di amicizia e fa sì che i protagonisti si sciolgano nei loro comportamenti e nel loro modo di parlare fino a portarli a dire la verità e solo la verità.

Se la verità è l'ideale auspicato dallo *Nsang* ed è in genere raggiunta al termine, tre intervistati ci informano che non sempre questo viene parlato nella e secondo la verità. La prima ragione è la corruzione degli addetti allo *Nsang* da parte di una delle parti in causa. Questa ragione viene evocata da Yayana e da A. Busiete. Il primo dichiara:

> Noi i notabili siamo chiamati a dire la verità. Bisogna dire le cose come sono (nella verità, nell'oggettività. A Kipata, c'era un notabile (giudice). Era corrotto con offerta di bibite in un posto dove era invitato ad emettere un giudizio nello *Nsang*. Ha emesso un verdetto ingiusto nello *Nsang* avvenuto alle ore7:00 e alle ore 18:00 moriva. Egli aveva dato ragione a colui che aveva torto e torto a colui che aveva ragione. Quindi, bisogna rispettare la verità dei fatti [197].

L'esempio dato nella citazione è un invito rivolto ai notabili a dire unicamente la verità. La corruzione li condurrebbe presto alla morte come era già accaduto a un loro collega del paese Kipala. Alla domanda di sapere se la danza è segno di gioia o di dolore, il secondo afferma:

> Il dolore è presso l'assemblea. Ma per il notabile, la sua danza è un incoraggiamento del colpevole; "tu hai cercato da te questo problema. Hai visto il fuoco, lo hai toccato". A volte, il notabile canta. Ma sa bene che è stato già corrotto [198].

L'invito di un notabile da fuori a venire a partecipare a uno *Nsang* in un'altra sede è la seconda ragione del fallimento dell'ideale di verità auspicata dallo *Nsang*. Per Mukwa, il notabile invitato interviene con parzialità «per non mettere in difficoltà» [199] la famiglia che lo ha chiamato. Non mettere in difficoltà qui significa non andare contro la famiglia che ha

[197] Intervista di L. Yayana del 2 marzo 2019.
[198] Intervista di A. Busiete del 9 marzo 2019.
[199] Intervista di H. Mukwa del 5 marzo 2019.

invitato il notabile da fuori e non darla per perdente. Allora per evitare di cadere nella trappola della corruzione e della parzialità, sarebbe meglio non perdere di vista il bene della parte che corrompe e che invita, e l'ideale della giustizia, della pace e della riconciliazione per entrambe le parti. Tutto sommato, la corruzione dei giudici-notabili è un reale ostacolo alla verità. I problemi di fondo che si pongono qui sono due: l'identità e l'impunità. I notabili-giudici fanno parte della gerarchia della *palabre* (per rimanere nella logica di questo capitolo, sono i "ministri" dello *Nsang*). Sono quindi persone portatrici dei valori socio-culturali, per esempio la giustizia. Sono le *élites* della società tradizionale. È per questo motivo che sono stati scelti per presiedere la *palabre* accanto al capo di raggruppamento o di località. Quando si lasciano corrompere per edulcorare la verità, smettono di essere di esempio per la comunità. La loro identità va in crisi. L'impunità sociale dei corrotti non li aiuta certo a mantenere viva la loro missione. Gli altri giudici non osano castigarli probabilmente a causa della solidarietà fra giudici che fanno le leggi per gli altri e non per loro nella maggioranza dei casi e di civiltà. La morte non può essere l'unico modo di correggere i notabili-giudici corrotti. Poiché il tribunale ancestrale è istituito per mettere in pratica il diritto tradizionale, sarebbe giusto che vennissero istituiti, non solo le leggi contro i notabili-giudici corrotti, ma anche un grado (o gruppo di persone) dello stesso *Nsang* per giudicarli. È il modo sicuro di limitare la loro corruzione. La tentazione di corruzione dell'*élite* del popolo non comincia oggi con i notabili-giudici yansi. Quenum ricorda che i latini conoscevano la corruzione per scrivere: «*Corruptio optimi pessima*» cioè «la corruzione dei migliori è la peggior cosa» [200]. Anche le democrazie occidentali la conoscono e hanno previste leggi e sanzioni contro i corrotti. Quindi, la comunità yansi dovrebbe pensare a imitare il loro esempio, per il bene dei notabili-giudici e della stessa società. Quando il popolo vedrà il loro castigo, qualcuno smetterà di accettare la corruzione per evitare di essere trattato duramente da loro.

Questa affermazione ci conduce alla terza ragione, che riguarda stranamente il costume. A due riprese, i notabili non hanno dato retta alla verità dei fatti nelle loro conclusioni di due *Nsang* per il bene della parte debole o sconfitta (che aveva invece ragione). Infatti, secondo il costume yansi, il più grande di età e in stregoneria ha sempre ragione anche se in realtà dovrebbe avere torto. Se vogliamo, possiamo anche chiamarlo una eccezione che conferma la regola. I due casi sono raccontati da A. Busiete [201]. Il primo caso:

---

[200] Cfr. A. QUENUM, *Palabre africaine e quête de la vérité dans une Afrique morcelée*... cit. , p. 95.
[201] Intervista di A. Busiete del 9 marzo 2019.

> (Q/ Quale era la decisione della delibera?) R: Essendo Busiete (quindi lui stesso) più piccolo, non gli diamo ragione per non metterlo in difficoltà con il cugino maggiore. Facciamo una cosa: il suo cugino non può prendere le due macchine. Ma i soldi dell'acquisto della seconda macchina devono essere divisi in due. Dovevo pagare la metà del costo della seconda macchina al cugino e gli dovevo restituire la sua macchina da cucire (la prima).

Il secondo caso:

> (Q/ Se una parte non dice tutto, nasconde alcune cose e il notabile non pronuncia la sentenza secondo la verità, non pensi che lo *Nsang* non aiuterà a fare la riconciliazione? Non pensi che le persone possono morire perché lo *Nsang* non ha operato nella verità e giustizia?) R: Si, tante persone sono morte: ad esempio, presso i Balori e lo *Nsang* presieduto dal capo di raggruppamento Ndom. Il serpente era apparso nell'assemblea durante la seduta. Bartelemy era condannato, lui che aveva ragione. Condannando Mpulisi (l'accusatore), Bartelemy sarebbe sicuramente morto visto che Mpulisi era stregone. Tornato a casa, Mpulisi era morto dopo una settimana perché non ha detto la verità ed è stato dato per vincitore per paura della sua stregoneria.

In questi due casi, l'intervistato mostra che la verità dei fatti non è stata rispettata, però per l'avvento di una pace e riconciliazione durature tra le quattro parti, i notabili hanno usato sapientemente la via della tradizione. Nel secondo caso, Mpulisi ha pagato con la morte il caro prezzo della sua menzogna. L'accaduto viene raccontato tramandandosi da villaggio a villaggio, di generazione in generazione, per ricordare/insegnare alla gente a non dire bugie, per non fare la sua fine.

Quindi, lo *Nsang* è la scuola dove la gente impara a dire la verità: «portare la gente a dire la verità, a risolvere i conflitti è cosa buona» [202]. Il *Museng* va volentieri a questa scuola per istruirsi alla saggezza yansi (*Kam*), per apprendere come si fa lo *Nsang* e avere gli esempi che serviranno da lezione per i problemi futuri. Dietro al detto precedente «*Ta kam, ta ntik*» cioè «rivolgersi al problema precedente di un tale per vedere quale era la soluzione e se essa aveva funzionato o no (e riprenderla se aveva funzionato bene)», vediamo non solo il bisogno di ripetere la tradizione ma anche di ripetere la verità per lo stesso problema nelle circostanze diverse. La ripetizione del passato nel presente ci introduce al tema della tradizione. Ne parleremo nel punto successivo.

Gli intervistati ci presentano nelle righe precedenti gli Yansi come un popolo che aspira sempre alla verità, che odia la falsità o la doppia vita. Coloro che incarnano l'istituzione tradizionale dello *Nsang* cercano di portare avanti questo valore della cultura

[202] Intervista di L. Yayana del 2 marzo 2019.

ricordando alle parti in causa il loro dovere di non alterare la verità per aiutarli a pronunciare il giudizio finale nella e secondo la verità. La prestazione dello *Nsang* (o il fatto che sia svolto) all'aperto dà occasione a tutti di partecipare per imparare a dire la verità, per diventare sempre più veritiero, facendo vedere il vantaggio della verità e l'inconvenienza delle menzogne. L'uomo veritiero, anche quando viene condannato ingiustamente, rimane felice perché benedetto dal cielo e dagli antenati che riposano nella terra del luogo dove ha luogo lo *Nsang*. Al contrario, l'infelice è colui che dice bugie. Può anche vincere il processo e conoscere la felicità, ma effimera, nel senso che può sempre rovinarsi in qualsiasi momento alla prima difficoltà (incidente, malattia, morte, così via). L'educazione alla verità che inizia nella famiglia biologica viene completata nella vita sociale con il supporto degli elementi culturali quali lo *Nkwe* come il testimone che richiama le parti a dire solo la verità per non conoscere la cattiva sorte nella propria vita. Peraltro, l'aspirazione alla verità intera è sostenuta, motivata da quella alla giustizia, alla pace e alla riconciliazione. Siccome non si arriva ad essa senza vera apertura agli altri, senza conoscenza reciproca e senza fiducia nelle persone e nelle istituzioni che rappresentano, allora lo Yansi viene messo a proprio agio dalla comunità riunita in modo tale da portarlo a parlare francamente, senza dubbio né riserva, e ad ascoltare gli altri che, per lui, non sono più degli estranei che si impongono a lui dall'alto (alludiamo qui soprattutto ai componenti dello *Nsang*) e che lo vogliono fare soffrire; ma dei fratelli che gli vogliono bene, che lo vogliono aiutare a porre un termine al diverbio che lo sta facendo vivere lontano dall'avversario, e che condividono insieme a lui lo stesso ideale comune della verità.

Nello sforzo di partorire la verità, lo Yansi non viene quindi abbandonato da solo; anzi viene preso in carico da tutta la comunità presente che, con domande e vari interventi, lo aiuta a liberarsi dal peso che si tiene dentro e a dire tutta la verità in suo possesso per l'avvento di una vera riconciliazione con sé, con l'avversario e con la collettività. Anche se dicendo la verità il colpevole verrà punito, la sanzione non significa il crollo del mondo ma la via di uscita e riparazione del problema in vista della guarigione interiore. L'esperienza personale della verità diventa cammino di liberazione per se stesso e per tutti i presenti. Secondo Quenum, due cose sono in gioco: la vita e la parola. La verità che ci si aspetta da tutti (parti, notabili, popolazione) deve essere innanzi tutto vissuta da loro. Perché la vivono nella quotidianità, la possono in un secondo momento dire al tribunale e invitare altri a dirla. Quando le due cose coincidono, allora la loro testimonianza diventa credibile e gli ascoltatori possono imitare il loro esempio [203]. Ma non succede sempre così nella vita e nello *Nsang*. Il punto di vista dell'autore può essere discusso. Comunque, la comunità radunata riconosce che il benessere sociale passa per la risoluzione del conflitto, che avviene solo ed esclusivamente se tutti dicono la verità. Da qui nasce il suo impegno a collaborare per l'avvenimento della verità.

In un paese come la RD. del Congo e in un mondo dove la corruzione va sempre crescendo e la verità sempre soffocata dai potenti e dagli autori dei crimini, delle guerre, dei genocidi e del traffico degli esseri umani, l'aspirazione alla verità degli Yansi (con i limiti che riconosciamo allo *Nsang*) si presenta come segno di speranza a doppio titolo. Da un lato, gli uomini e le donne di oggi devono consolarsi di sapere che tutto e tutti non sono falsi nel paese. Esistono ancora le persone vere. Saranno poche, però esistono. D'altro lato, il fatto di dire le bugie non deve e non può essere considerato come legato al destino di quella persona o di un popolo. Volendo, la persona può rinunciare a questa abitudine con l'aiuto degli altri, dell'ambiente di vita o di lavoro e anche della cultura.

3.6.3. Lo Nsang al servizio della tradizione

Durante le interviste abbiamo voluto indagare attraverso una serie di domande se lo *Nsang*, così come si dice presso gli Yansi di Bampila, è sempre esistito (cioè è stato ereditato dagli antenati) e se qualcosa poteva essere cambiato (cioè corretto o cancellato).

Lo *Nsang* come eredità ricevuta dagli antenati [204] è al servizio della tradizione. In effetti, assicura la sua continuità nel tempo e nello spazio portando sempre avanti i costumi ancestrali. Dalla posizione dei partecipanti riuniti fino alla fine viene fatto ricorso frequentemente ad essi. Le sedie per lo *Nsang* non sono disposte in qualche modo. Mukabi riferisce che sono messe in maniera a formare il circolo:

> *D'autre part, le contour, l'emplacement des parties en forme circulaire, le cadre et symboles utilisés dans la Palabre africaine, transpirent tout le temps le souci de réconcilier et de restaurer l'unité au sein de la communauté. Il n'y a pas d'un côté la barre des accusés et de l'autre des plaignants, ni même de clivage manifeste entre les ministres du tribunal et les parties en cause. Tous unis aux spectateurs et à l'assemblée, s'insèrent plutôt dans le même cercle symbolique de l'unité vitale héritée des ancêtres* [205].

L'unità vitale è simbolizzata dalla forma circolare della gente riunita nel luogo dello *Nsang*. I partecipanti dovrebbero averla in mente durante tutta la durata di quest'ultima, ma anche

---

203 Cfr. A. QUENUM, *Palabre africaine e quête de la vérité dans une Afrique morcelée*... cit. , p. 93.
204 Cfr. Intervista di J.C. Kalamuntu del 2 marzo 2019; Intervista di H. Mukwa del 5 marzo 2019.
205 MUKABI NGALULEY LOUDZOU, *La fonction du juge dans la palabre africaine chez les Ding*... cit., p. 140.

dopo. E la famiglia è l'espressione per eccellenza di tale comunione vitale. Allora bisogna svolgere la chiacchierata in famiglia, tra persone desiderose di riconciliarsi dopo il litigio avvenuto e che divide i membri. Detto ciò, la disposizione delle persone è importante perché dice già tutto del significato dell'adunanza e del lavoro che si aspetta da essa. Inoltre, consente agli uni e agli altri di vedersi, di conoscersi e di stabilire tra loro un rapporto di fiducia.

Secondo il costume, lo *Nsang* opera davanti a più notabili per lo scambio di idee e per non cadere nella tentazione di ingiustizia, di parzialità. Sotto il coordinamento del capo di raggruppamento e di località, la parola viene chiesta e distribuita dal rappresentante dei notabili a chiunque vuole parlare. Essa si chiede alzando la mano. Concessala, si parla in piedi mentre gli altri ascoltano in silenzio. In più, l'abitudine di parlare di tutto il problema e dei suoi contorni, cioè senza nascondere niente, e di finirlo una volta per sempre in vista di una riconciliazione duratura, è tradizione. Le conclusioni si prendono secondo il costume, mentre i diritti e le multe si pagano anche conformemente e per rispetto al costume. Appunto si potrebbe pensare all'esistenza di un codice di reati con le sanzioni corrispondenti ad ognuno. In modo tale che, quando si produce qualcosa nella comunità, si va lì a vedere ciò che vi è previsto. Si tratta di un modo di praticare la giustizia e la verità che non prevede le circostanze attenuanti e le eccezioni. Queste possono anche esistere; ma solo nella fase di dibattito. Al termine dello *Nsang* si ricomincia la vita da capo senza nessun rancore da parte di tutti. Da sempre procede per ipotesi e non consente alla gente di fare le indagini. I giovani vengono iniziati alla sua saggezza (*Kam*) dagli adulti che li chiedono di esprimere le loro opinioni, mentre i notabili fanno in disparte la delibera. Così facendo, gli adulti li insegnano come si svolge lo *Nsang* e preparano la loro successione. Fino dai tempi remoti ad oggi, si parla con i proverbi. Più il notabile li usa, più viene rispettato e considerato come un vero saggio (*Mbaku*).

Esiste una procedura ereditata per lo *Nsang* del decesso. Essendo nel sistema matriarcale, alla morte di qualcuno, il nonno materno viene informato tramite una lettera (*Kité, Muyik*), poi lo zio materno. Costui chiederà al_padre di raccontare le circostanze della morte. A sua volta, il padre chiederà alla vedova del figlio defunto (se era sposato) di raccontare alla popolazione tutto ciò che sa circa quella morte. A quel punto la moglie si mette a spiegare l'andamento delle cose fino alla morte del marito. Succede che il condannato non abbia sul posto tutti i diritti o la multa da pagare. Il costume prevede che egli lascia un bastone (*Nti, Sung*) come testimonianza della sua accettazione della condanna, vada a cercare i soldi e torni a pagarli nei limiti del tempo concessogli.

Sembra che lo *Nsang* sia una cosa statica, come anche la tradizione che serve. Invece non lo è. In esso, la tradizione è dinamica. Certo essa è fatta di continuità ma anche di discontinuità. Ci sono delle cose aggiunte dalle generazioni successive che snaturano il suo vero significato. Esse sono denunciate dagli intervistati: le menzogne delle persone, le ingiustizie nelle decisioni pronunciate, i conflitti nati dopo di esso che hanno rovinato intere famiglie presso gli Yansi, i danni che seguono a volte i cui autori sono i giovani, la mancata iniziazione dei giovani alla sua pratica e il non rispetto da parte loro della sua procedura nelle città (come conseguenza logica della mancanza di iniziazione e di disinteresse) quando non viene omesso, la pratica sbagliata di chiedere le mucche in quanto viene importata da altrove (Idiofa) e l'abbandono dei costumi nelle città. Come si vede, queste cose sono di tre nature: quelle legate alla stessa essenza dello *Nsang* (le prime quattro), alla procedura (le tre seguenti) e al cambiamento epocale (l'ultima). Gli intervistati si preoccupano perché queste cose non stanno rispettando l'intuizione originaria di coloro che hanno istituito lo *Nsang* e l'hanno lasciato alla posterità. Capiamo allora il loro grido di allarme. Tutti sono unanimi nel dire che queste cose che gli antenati non hanno lasciato, e che sono state aggiunte dopo di loro, devono essere tolte. Invece, niente di ciò che loro hanno lasciato si può togliere. Qui viene corroborata la nozione della natura sociale dell'*habitus* di cui parla Mauss. Alla differenza della saggezza yansi (tramite gli intervistati), quest'ultimo afferma che gli individui e le loro imitazioni, le società, le educazioni, le convenienze, i modi e i prestigi possono modificare gli *habitus*. Modificarli non è tabù [206]. Qui dobbiamo situare la battaglia di Kalamuntu di non chiedere le mucche ai colpevoli. Se vale per Idiofa da dove viene, è invece inadatta come pratica per il territorio di Bampila. Come Mauss, Bourdieu insegna che l'*habitus* e la pratica possono essere modificati a seconda del contesto, del momento e della situazione presenti. Cambiano quelli che non si adattano più. In questo senso, la reazione degli giovani soprattutto meriterebbe di essere rivalutata e presa in considerazione per una re-dinamizzazione dello *Nsang*.

A questo punto la domanda da porsi è la seguente: che ne sarà di cose che andrebbero nel senso del suo spirito? Diciamo che si dovranno accogliere perché faranno vedere in positivo il carattere dinamico dello *Nsang*. Si tratta di una questione fondamentale in quanto

---

[206] M. MAUSS, *Les techiniques du corps* ... cit. , p. 8.

tocca l'essenza della tradizione secondo gli Yansi. Le affermazioni seguenti: «lo *Nsang* è una buona cosa» (C. Luzala), «lo *Nsang* aiuta molto la gente» (J. Mabanza) sono rivelatrici di ciò che è e pensa lo Yansi su di esso. Si tiene molto alla tradizione perché se ne trae beneficio nella vita. Nel caso in specie, la tradizione dello *Nsang* l'aiuta a risolvere i suoi differenti fatti di vita amichevolmente senza dover ricorrere al tribunale di Stato. In questo senso va interpretato l'accanimento contro gli stregoni e i notabili o giudici che trascurano la verità e creano disordini all'interno delle famiglie. L'accanimento mette in chiaro la volontà di vedere rispettata l'intuizione originaria degli antenati, introducendolo per permettere alla gente di riconciliarsi dopo un litigio. In questo senso si deve interpretare anche l'accanimento contro i giovani delle città che non seguono la normale procedura dello *Nsang*; che si disinteressano di imparare la vera procedura per il buon andamento delle cose. Imparare la procedura completa e rispettarla fanno parte delle cose buone, positive che potranno ridare vitalità allo *Nsang* e farlo durare ancora di più. La tradizione va mantenuta e continuata (l'iniziazione dei giovani nei villaggi persegue tale obiettivo), però purificata da tutto ciò che la rovina e divide la gente.

Conclusione

Nel territorio di Bampila, gli Yansi risolvono normalmente i loro problemi servendosi dello strumento ereditato dagli antenati chiamato *Nsang*. In questo modo, soprattutto quando è finito il problema, essi riescono a fare a meno del tribunale di Stato. Con il suo utilizzo, non solo la tradizione viene valorizzata ma anche continuata nel tempo e nello spazio. Come abbiamo visto si tratta di una tradizione dinamica e non statica. In quanto strumento di risoluzione dei problemi sociali, mira alla riconciliazione nella giustizia e nella verità per la pace duratura delle parti in causa. Questa preoccupazione, anzi scopo, viene assunta sia dal concetto stesso con il quale è designato, che dai vari interventi dei protagonisti e dallo schema che è seguito. Anche se lo schema non varia, bisogna però riconoscere l'esistenza di una infinità di *Nsang* come fatti di vita che sono risolti da una delle tre istituzioni (la famiglia, la località e il raggruppamento) dell'unico tribunale tradizionale.

Abbiamo inoltre visto che, come opera umana, non è perfetto; comporta delle inconvenienze che potrebbero fargli perdere il suo spirito e fargli mancare il suo obiettivo. È per fargli ritrovare la sua anima originaria che abbiamo ragionato sulla possibilità di introdurre gli elementi positivi che la incentiveranno, re-dinamizzando così positivamente la tradizione dello *Nsang* nello villaggio e soprattutto in città.

Poiché esso si esprime con le parole e con il corpo attraverso le sue espressioni (gesti, così via), occorre affrontare nel passo successivo la questione di quest'ultimo, per vedere come concorre al processo di risoluzione dei conflitti.

CAPITOLO QUARTO

CORPO E SUE ESPRESSIONI NELLO *NSANG*

Introduzione

Il teologo e filosofo della religione Romano Guardini, senza cadere nel riduzionismo e nel dualismo, definiva l'uomo come corpo:

> Il termine corpo significa anch'esso uomo, con una particolare accentuazione dell'elemento materiale ma mantenendo il rapporto con lo spirito. Entrambi i termini però provengono dal cuore e a esso ritornano. Per questo l'uomo è uomo nel senso vero e decisivo del termine quando è il suo cuore ad acquistare potere in lui [207].

L'uomo è unità dell'anima e del corpo. Le due parti interagiscono in lui con accentuazioni diverse: mentre la prima mette l'accento sull'elemento spirituale, il secondo insiste su quello materiale. Il cuore sta alla sua origine e alla sua finalità comune. Quando prende il sopravvento nell'uomo, questo si realizza pienamente. Esso non è però l'unico organo corporeo. Accanto ad esso ce ne sono altri. Parlano da sé come parla da sé l'intero corpo. Inoltre, la cultura e la società sono corporee. È ciò che andiamo a dimostrare in questo capitolo attraverso la pratica dello *Nsang*. Per arrivare a tale conclusione abbiamo dovuto usare l'incorporazione come metodo d'indagine sul campo. Abbiamo preso il nostro corpo come il punto di partenza dell'indagine focalizzando l'attenzione su ciò che vedevamo fare e dire all'intervistato: abbiamo cambiato posizione (davanti, a destra, a sinistra) per vederlo meglio; l'abbiamo fermato e fatto ripetere le cose che non si erano sentite bene. Abbiamo poi cercato di capire tale gesto o parola chiedendone spiegazione. Ci abbiamo ragionato sopra durante l'intervista per formulare domande successive e dopo l'intervista per fissare meglio le idee, le quali poi abbiamo appuntato sul quaderno. Abbiamo anche cercato, attraverso le domande, di confrontare la nostra conoscenza antropologica sui gesti, atteggiamenti e movimenti dell'intervistato con la sua comprensione e quella data dalla società. Abbiamo quindi impegnato il nostro corpo nell'esperienza di ricerca per avere accesso all'essere nel mondo degli altri. «Con ciò, il processo intercorporeo prodotto dall'interazione viene catturato nella sua immediatezza esistenziale, per essere tradotto, successivamente, in quell'insieme di

---

[207] R. GUARDINI, *Opera omnia. L'uomo. Fondamenti di una antropologia cristiana*, Brescia, Morcelliana, 2009, p. 285.

astrazioni oggettivate che sono le interpretazioni antropologiche delle interpretazioni native» [208], afferma Csordas.

Divideremo il lavoro in tre parti. Nella prima delineiamo la concezione del corpo che emerge dalle interviste realizzate. Nella seconda ci soffermiamo sull'espressione corporea nello *Nsang*. Nella terza trattiamo dell'inculturazione di questa nell'eucaristia nello Zaïre.

4.1. Concezione del corpo nei vari *Nsang*

I quattro *Nsang* sulla morte (soprattutto quello di C. Luzala), i quattro sulla sessualità e i tre sul matrimonio veicolano una certa concezione del corpo. È essa che intendiamo evidenziare in questo paragrafo.

Trattandosi dello *Nsang* sul decesso, gli intervistati riferiscono che i parenti (i genitori del defunto e le loro famiglie, i nonni e gli zii), la popolazione, il capo di raggruppamento e i suoi notabili-giudici si riuniscono nel luogo dove si svolge il funerale, la gente piange e la mattina (ore 4 nelle città e ore 6 o 7 nei villaggi) si svolge lo *Nsang* davanti al defunto perché i morti non sono morti [209] e perché con i diritti e la multa pagati lo spirito del defunto non si vendica sulla persona accusata di essere stata alla base di quella morte [210]. Il funerale degli adulti e dei bambini, dei poveri e dei ricchi si compiono nello stesso modo. Anche i loro *Nsang* si svolgono nello stesso modo. Vale a dire che lo stesso trattamento o considerazione viene dato all'adulto e al bambino, al ricco e al povero perché, dice C. Luzala, la loro morte ha lo stesso valore [211]. Il motivo è che i loro corpi hanno lo stesso valore. Non c'è un corpo superiore e un corpo inferiore. Sempre secondo lui, questo si verifica anche durante la malattia. Tutta la famiglia si mobilita per andare a fare visita all'adulto o al bambino malato. Lo *Nsang* sul decesso pone due problemi inerenti al corpo. Il primo problema riguarda la nozione della morte come assenza di vita, come il contrario della vita. L'uomo è creato per vivere. Il pianto esprime il dolore per tale scomparsa, per la fine della vita. Anche il canto e la danza che accompagnano il pianto sono espressioni di dolore. Allora la domanda si pone di sapere da dove viene quella morte che ha messo fine alla vita. Lo *Nsang* si riunisce per cercare la sua causa. Ciò significa che il corpo per i Yansi è corpo sociale, un fenomeno culturale. Con la conseguenza che tocca alla società di decidere sulla sua politica e sulla sua legislazione. L'uomo non può decidere di mettere fine alla propria vita e a quella degli altri.

---

[208] Csordas commentato da R. MALIGHETTI-A. MOLINARI, *Il metodo e l'antropologia* … cit. , pp. 205-206.
[209] Cfr. Intervista di C. Muswana del 2 marzo 2019.
[210] Cfr. Intervista di R. Ngapono del 2 marzo 2019.
[211] Cfr. Intervista di C. Luzala del 3 marzo 2019.

Attraverso lo *Nsang*, la giustizia viene fatta al morto ma soprattutto alla società che perde un membro trovando l'autore di quella morte e correggendolo con il pagamento dei diritti e della multa. Tutto ciò accade in presenza del cadavere. Il suo corpo segue tutto e ne diventa testimone poiché i morti sono vivi. Se giustizia non viene fatta, allora il suo spirito si farà giustizia da solo perseguendo e uccidendo il condannato. Il secondo problema, che pone implicitamente il decesso, riguarda la morte come passaggio nell'aldilà. Il caos e il vuoto che creano la morte segnano il cambio di statuto, l'entrata del defunto nell'altra vita. Quest'ultima viene vissuta come una nuova nascita alla vita nuova che sfugge alla visibilità umana. Perciò il corpo deve essere lavato, vestito e accompagnato da alcuni oggetti usuali della vita quotidiana del defunto. La nudità originaria è stata lavata da ogni macchia come alla nascita e ricoperta da questi segni distintivi della sua nuova identità. La *toillette* funebre e le abluzioni rituali del neonato (i due riti si assomigliano molto) sono la dimostrazione che «*toute naissance, tout passage à un statut nouveau, est aussi une mort à un état antérieur, mais que toute mort ne saurait exister qu'en fonction d'une renaissance à un ailleurs ou à un au-delà du présent*» [212], secondo l'antropologo Louis-Vincent Thomas. L'idea di morte sottende quindi sia la nascita che il passaggio a un nuovo stato di vita. Si tratta in questo caso della morte simbolica intesa come un passaggio. La sua fine è la rinascita nell'aldilà. Ciò viene ancora reso palese nella simbologia di buttare via insieme la spazzatura, oppure di seppellire al posto stesso nel buco dove scorreva l'acqua, tutti i rifiuti provenienti dal defunto. Secondo Journet, ogni rito di passaggio ha tre tempi: preliminare, introduttivo (cioè sulla soglia) e post-preliminare, che corrispondono dal punto di vista dell'attore alla separazione (dello stato o del luogo anteriore), al margine (fra due) e all'aggregazione (nuovo stato) [213]. Nei riti di separazione, sostiene il teologo Hippolyte Mimbu Kilol, il morto viene spogliato dal suo stato iniziale ordinario. In quelli del margine viene portato fuori dall'ambiente abituale e lì si fa l'essenziale del processo di trasformazione rituale; quelli d'aggregazione infine assicurano l'integrazione del personaggio nel suo nuovo statuto o ambiente [214]. In sintesi, nello *Nsang* riguardo il decesso, i corpi piangenti dei vivi significano lutto mentre quello steso e addobbato del morto traduce l'annientamento e la rinascita alla vita nuova.

---

[212] L.-V. THOMAS, *Corps et société: le cas négro-africain*, in «Cahiers des religions africaines», XVII, nn. 33-34, p. 211.
[213] Cfr. N. JOURNET, *Arnold Van Gennep (1873-1957) Les rites de passage* ... cit. , p. 81.
[214] Cfr. H. MIMBU KILOL, *Quels rites et symboles dans des liturgies africaines*?, in «Revue africaine des sciences de la mission», n. 4 (1996), p. 88.

I quattro *Nsang* sulla sessualità si concentravano concretamente sulla gravidanza della cognata, sull'adulterio, sullo stupro e sulla rapina. Mentre nei due primi casi, i reati sono stati commessi su due donne sposate, nei due successivi esso è stato commesso su una ragazza giovane. Mentre nei tre primi casi gli autori sono uomini sposati, nell'ultimo l'autore è celibe e ha un rapporto di famiglia (nipote) con l'ultimo uomo sposato. Dal punto di vista dei due uomini, il corpo della donna e la sessualità sono luoghi di manifestazione del potere maschile sulle donne. Il valore del corpo di costoro dipende dall'uso che ne fanno; è oggetto di piacere maschile. L'uomo ci può giocare a suo compiacimento. La donna stessa è ridotta a strumento di piacere. Per la sociologa femminista Fatou Sow, il dominio degli uomini su di esse è ancora ciò che giustifica la pratica della mutilazione degli organi femminili:

> *Ces différents (excision, infibulation) exemples témoignent des rapports de domination qui font que la «pénétration» du corps de la femme ne devrait avoir lieu que dans un contexte précis et selon des règles données. Ce contexte est celui de l'appropriation de ce corps par l'homme et par la société qui en établit les règles et contrôle leur application: appropriation par les hommes par le biais du mariage et de la dot* ... [215].

Gli uomini impongono fardelli sui corpi delle donne a loro vantaggio. La donna, non contenta della situazione, lo denuncia presso coloro che incarnano il potere tradizionale. Il fatto della denuncia significa riconoscimento che il corpo è prodotto della società. E in quanto tale, quest'ultima regola la politica e il comportamento individuale da tenere in merito al corpo. Sia lo Stato che la tradizione yansi condannano questi atti (adulterio, stupro). Mentre il primo condanna gli autori alla prigione, la seconda li condanna con i diritti e la multa ricordando il valore del corpo femminile e la disciplina in vigore su quando fare il sesso e con chi farlo. Nel primo caso, ribadisce che il sesso si fa da sposati legalmente; quindi vengono condannati l'adulterio, lo stupro e la rapina. Inoltre, i celibi e gli sposati sono chiamati a vivere l'astinenza sessuale all'infuori del matrimonio tradizionale inteso come unione legale tra una donna e un uomo. Le ragazze devono arrivare vergini al matrimonio. Arrivare illibate era motivo di onore e d'orgoglio per la ragazza, ma anche per i genitori. Presso i Beti nel Cameroun, scrive l'etnografo Jean-Pierre Ombolo, la situazione era simile: «*Quand les parents (Beti) surveillaient leurs filles elles restaient vierges. C'était un honneur pour le père: "ma fille est honorable!" On faisait des visites à la rivière pour vérifier*» [216]. In alcuni posti, i

---

[215] F. SOW-C. BOP, *Notre corps, notre santé. La santé et la sexualité des femmes en Afrique subsaharienne*, Paris, L'Harmattan, 2004, p. 19.

[216] Jeanne-Françoise Vincent citata da J.-P. OMBOLO, *Sexe et société en Afrique noire*... cit. , p. 136.

genitori e lo sposo regalavano alla giovane sposa un bel dono come gratificazione. Nel secondo caso, la donna deve fare sesso solo con suo marito all'interno della coppia: «La donna sposata appartiene a suo marito» [217]. Per gli sposi è un invito a vivere nella fedeltà il loro legame coniugale; per gli altri è invece invito a rispettare la donna sposata. Rispettarla significa rispettare il suo corpo e aiutarla a vivere nella purezza il suo impegno matrimoniale. Dunque, il matrimonio ha una dimensione morale nella misura in cui costringe gli sposi a usare i loro corpi unicamente dentro questo quadro giuridico. L'adulterio infrange questa moralità in quanto i *partners* fanno uso illecito dei loro corpi. La sanzione che lo segue viene interpretata come riprovazione del reato commesso e mancata osservanza della tradizione. Abbiamo qui una regolamentazione sociale della sessualità e una educazione del corpo prima e dopo il matrimonio. Questo modo di pensare il corpo contrasta con quello degli uomini, come abbiamo visto, e di alcuni popoli africani. Ombolo scrive: «*la virginité de la femme (dans l'éthnie pahouine au Cameroun) est considérée comme sans importance et les Fang ont des relations sexuelles dès qu'ils sont capables de coïter ... Les jeunes filles sont libres de se donner à qui elles veulent*» [218]. Alla fine ha ragione Csordas, quando formula come prima prospettiva il fatto che « il corpo è un fenomeno culturale e storico che intrattiene una relazione instabile e culturalmente variabile con la mente» [219].

I tre *Nsang* sul matrimonio hanno qualcosa da dirci sul corpo. Nei due primi, Mani Mungala e Justine Mabanza sono spesso malate. In più, la prima non ha figli. Non vivono in pace e sono preoccupate dalla situazione. Informato, il tribunale si riunisce per cercare la soluzione. La causa della loro sofferenza è il nonno per il *Kitwil* che non ha percepito e il cognato per i soldi dati alla cognata prima del viaggio. Qui abbiamo la conferma che i conflitti sono all'origine dei malanni delle persone e che costoro sono sempre provocati da un capro espiatorio. La concezione del corpo veicolata è che, per essere in buona salute, il corpo deve avere l'equilibrio o la pace psicologica. Il corpo sano ha il dovere di intrattenere relazioni armoniose con l'*entourage* e gli altri componenti della famiglia. Essi hanno qualcosa da dire sull'individuo e possono nuocere al suo equilibrio fisico in caso di problema. Peraltro, la risoluzione dei conflitti significa che gli Yansi tengono molto alla cura del corpo e alla sua buona salute. La guarigione del corpo dalla malattia oppure l'assenza di malattia fisica diventano allora il segno del ritrovamento della pace con la parte che si era offesa o il risultato

---

[217] Intervista di L. Yayana del 2 marzo 2019.
[218] J.-P. OMBOLO, *Sexe et société en Afrique noire*... cit. , p. 132.
[219] Cfr. T.J. CSORDAS, *Incorporazione e fenomenologia culturale*, in «Antropologia» ... cit. , p. 20.

dei buoni rapporti intrattenuti con gli altri. Dobbiamo riconoscere il fatto che la mentalità yansi è vicina qui a quella ebraica; in effetti, la Bibbia presenta la morte e la malattia (ad esempio, la lebbra) come la conseguenza del peccato. In ultimo, il corpo sano è dinamico cioè si costruisce, come un progetto, all'interno di una rete d'intersoggettività giorno per giorno. Questa fase di costruzione richiede cautela e attenzione verso le intersoggettività della medesima rete per non rovinarle e rovinare se stesso. La cura del corpo mediante l'armonizzazione dei rapporti con gli altri si fa a nome dell'aspirazione alla vita infinita che caratterizza il negro-africano. Certo, la vita viene concepita come dono di Dio all'uomo per il canale degli antenati della famiglia. «*Elle est le bien le plus précieux et pour l'individu, et pour la communauté toute entière à laquelle chacun appartient. Elle ne peut pas, par conséquent, s'accomplir sans prise en compte o de l'espace vital de l'homme et de sa relation au monde invisible*» [220], dichiara il teologo Sylvain Mukulu. Quindi, non bisogna sciuparla, disprezzarla. Al contrario, bisogna sempre aumentarla, rinforzarla andando contro tutto ciò che la può diminuire e aggiungendo nel corpo tutto ciò che serve perché l'uomo diventa sempre più uomo (oggetto dei paragrafi successivi). La malattia fa parte di ciò che la diminuisce. La risoluzione ai problemi di queste due donne con il nonno materno e il cognato mira piuttosto ad "aumentare" la vita. Le responsabilità essendo stabilite durante lo *Nsang* e i diritti e le multe pagate, la situazione torna alla normalità e si suppone che le due donne ritrovare la loro quiete, la loro guarigione fisica e soprattutto psicologica. A proposito, un amico chirurgo mi diceva che la psicologia del malato era importante per la sua guarigione. Normalmente non si deve prendere niente per l'influenza e lasciare gli anticorpi lottare contro di essa. Ma danno i medicinali ai pazienti che glieli chiedono perché costoro credono già che questi medicinali li guariranno. La sua testimonianza viene corroborata dalle parole dell'antropologo africanista Philippe Laburthe a proposito dell'inversione di ruolo e di cura in alcuni casi: «*En effet, une maladie naturelle peut être guérie par magie, et une maladie spirituelle par des plantes*» [221]. In questa condizione, il malato guarisce non a causa delle conoscenze sperimentali del guaritore tradizionale ma soprattutto a causa della fama e del prestigio di costui (il suo guaritore è conosciuto come un grande guaritore), e della fiducia che

---

[220] S. MUKULU, *Jésus Christ - vie et sociétés africaines. Prolégomènes à une théologie de la vie*, Frankfurt, Peter Lang, 2006, 95.

[221] P. LABURTHE-TOLRA-J.P. WARNIER, *Ethnologie Anthropologie*, Paris, Quadrige-PUF, 1993, p. 277.

quest'ultimo lo ispira.

Il corpo della donna gioca un ruolo diverso nello *Nsang* degli sposi. Ciò si deduce dalle parole della sposa accusatrice e del suo comportamento. Chiede il divorzio con il marito accusato perché costui ha dato ragione alla seconda moglie più giovane di lei e perché non contribuisce alle spese della casa. Di conseguenza lo mantiene lei. Consideriamo anche il comportamento di lei: nella sua rabbia ha spostato il letto matrimoniale fuori dalla camera, lo ha rotto in piccoli pezzi prima di gettarci sopra l'acqua. Tutto sommato, la richiesta della sposa è molto più profonda di quanto appare. Lei chiede l'emancipazione, la promozione della donna che non deve più continuare a essere schiacciata dall'uomo; che deve essere trattata ~~a~~ in parità con lui e che deve essere realmente un partner nella vita familiare e non una schiava che serve solo a letto e deve produrre il necessario vitale per il mantenimento dell'uomo. Come si uniscono a letto i corpi dei due al momento di fare sesso in coppia, così gli sposi devono collaborare in casa per tutto il resto. La simbologia della rottura del letto significa semplicemente più della comunione dei corpi e di tutto fra loro; in una parola, più del matrimonio. Anche la difesa dello sposo accusato sembra confermare questa lettura: dichiara di non essere più tornato a dormire da lei perché aveva rotto il letto matrimoniale (implicitamente intendeva dire che se ci fosse stato il letto, egli sarebbe tornato a dormire con lei); di essere tornato tutti i giorni, per 4 mesi, solo per andare a mangiare senza mai contribuire. In altri termini, per lui, lei è una macchina da produzione finché continua a servirlo. Questo *Nsang* è ancora un esempio che illustra il dominio dell'uomo sulla donna; un dominio i cui limiti oltrepassano il letto e si estendono all'organizzazione-divisione del lavoro a casa. Ciò che la moglie non intende più fare. Al contrario, vuole la sua indipendenza, la rottura della relazione con tutto ciò che comporta di negativo e di positivo. Il divorzio non è stato concesso alla sposa che doveva pagare la multa nell'immediato. Allo sposo sono stato dati i consigli e gli è stato chiesto di riportare la sua valigia a casa della prima moglie. La riconciliazione si è fatta senza rispondere alle aspettative di quest'ultima. La sentenza dà ragione in qualche modo allo sposo. In tale modo conferma la supremazia dell'uomo sulla donna. Si tratta di uno degli esempi dove la politica o la regolamentazione socioculturale sul corpo della donna coincide con l'idea che l'uomo ha su di esso. Mattalucci mostra il potere della cultura maschilista sulla donna attraverso la parrucca: il discorso ufficiale che viene fatto alle donne è di indossare la parrucca (di capelli biondi e lunghi) conformemente a un ideale di "desiderabilità culturalmente diffuso" e conformemente al loro modello culturalmente disponibile (per le donne musulmane). La studentessa musulmana non nasconde il suo sentimento davanti al fatto di indossare la parrucca durante le lezioni. Per lei si tratta di una esperienza umiliante e dolorosa; è come un modo di piegare il suo corpo «alla norma di un sistema repressivo che, prescrivendo un certo modello di visibilità, nega all'individuo la possibilità di esibire un simbolo di appartenenza» [222]. Anche Sow sostiene che lo Stato si appropria dei corpi delle donne; regge, incoraggia e legittima i rapporti di dominio tra donne e uomini. Affermando che l'uomo è il capo-famiglia, accentua la potenza paterna e, quindi, il potere dell'uomo sul corpo della donna e dei figli. Ciò si verifica ancora nelle costituzioni dei paesi in sud Africa, dove gli Stati si accontentano di affermare che gli uomini (in generale) nascono liberi e uguali in diritto, ma nessun codice di famiglia osa affermare apertamente il principio dell'uguaglianza legale fra donne e uomini [223]. Così viene confermata l'affermazione di Csordas secondo la quale la cultura determina i gesti, le posture e i movimenti; crea i corpi, li modifica dall'interno e marca la loro superficie esterna [224]. Rimane ora a scoprire le varie espressioni corporee presenti negli *Nsang* studiati.

4.2. Espressioni corporee nello *Nsang*

È vero che il corpo in se stesso costituisce un linguaggio. È vero anche che le diverse membra che lo compongono costituiscono una molteplicità di linguaggi. In questo paragrafo vogliamo occuparci dei diversi modi di espressione del corpo nello svolgimento degli *Nsang* da noi studiati.

4.2.1. Alzare la mano

Abbiamo visto che lo *Nsang* viene presieduto dal capo di famiglia, di raggruppamento o di località con l'aiuto dei notabili e dei giudici. Abbiamo ancora accennato ad esso come di un gioco. In ogni gioco ci sono le regole da sapere e da osservare per il buon andamento delle cose. Le regole dello *Nsang* sono dettate dal rappresentante dei notabili all'inizio. «Egli dà l'istruzione che prima di parlare bisogna alzare la mano per chiedere la parola» [225]. Mukwa e Yayana confermano l'abitudine di alzare la mano per chiedere la parola prima di parlare. Il primo continua dicendo che la buona idea viene accettata [226]. A sua volta, J. Mabanza ribadisce che si chiede la parola prima di parlare e che si può interrompere colui che sta parlando chiedendo la parola. La ragione per la quale bisogna chiedere la parola prima di

[222] Cl. MATTALUCCI-YILMAZ, *Introduzione*, in «Antropologia» ... cit. , p. 7.
[223] Cfr. F. SOW-C. BOP, *Notre corps, notre santé. La santé et la sexualité des femmes en Afrique* ... cit. , p. 19.
[224] Cfr. T.J. CSORDAS, *Incorporazione e fenomenologia culturale* ... cit. , p. 20. Già citato nel capitolo 2 nota 19.
[225] Intervista di J.C. Kalamuntu del 2 marzo 2019.
[226] Cfr. Intervista di H. Mukwa del 5 marzo 2019.

parlare è data da Muswana: «Per non disperdere o allontanare l'attenzione del *Museng*» [227]. A prima vista, essa risponde all'esigenza dell'ordine, della disciplina e del raccoglimento della gente nell'assemblea.

Secondo gli intervistati, alzare la mano è una delle due espressioni corporee (l'altra è battere le mani) usate per domandare la parola prima di parlare in assemblea. Nelle società di scrittura, la parola si chiede alzando la mano in un raduno importante come ad esempio, il parlamento. Durante il Gruppo estivo con i ragazzi in parrocchia a Le Ville-Monterchi in cui ho prestato servizio sacerdotale, una delle regole era di domandare sempre la parola prima di ogni intervento alzando la mano. Occorre allora domandarsi in che cosa si distanzia la sua pratica dagli Yansi e dalle società occidentali di scrittura? Esiste una differenza. L'uso fatto della mano alzata potrebbe essere lo stesso nelle due aree culturali ma non la spiegazione o la mentalità con la quale viene compiuto. Come appare dagli interventi degli intervistati, alzare la mano per domandare la parola prima di parlare è un gesto culturale yansi che rientra a fare parte dei loro codici convenzionali sociali. I presenti li hanno trovati e li lasceranno alle generazioni future finché non ci saranno modifiche nel e dallo stesso popolo. Non è quindi un gesto naturale nel senso Merleau-pontiano del termine; cioè un gesto che non è fabbricato [228]. Alzare la mano traduce tre cose: l'ordine cosmico e sociale, l'idea di gerarchia e il rispetto altrui.

L'affermazione che l'attenzione della popolazione non si deve disperdere nello svolgimento dello *Nsang* (e per questo motivo è necessario chiedere la parola ogni volta prima di intervenire in pubblico) insinua l'idea dell'ordine, dell'armonia. Infatti, secondo gli intervistati, il popolo Yansi tiene molto all'armonia. Esso cerca di vivere in armonia con le altre creature e con gli altri esseri umani con i quali egli intrattiene delle relazioni, in modo tale da instaurare con loro la comunione vitale nella stessa danza cosmica della vita. Il liturgista Raymond Nkindji afferma a sua volta che, in Africa, la pienezza della vita si ottiene unicamente se l'uomo attinge la piena armonia con se stesso, con la fonte della vita e con tutti gli esseri con i quali condivide la vita e comunica alla stessa fonte [229]. L'osservanza di questo principio della comunione implica, primo, il rispetto dei capi e degli adulti, secondo, quello dei suoi pari. Esiste una gerarchia degli esseri presso gli Yansi. Al vertice c'è Dio chiamato

[227] Intervista di C. Muswana del 2 marzo 2019.
[228] Cfr. Commento a Merleau-Ponty nel capitolo 2, p.30 .
[229] Cfr. R. NKINDJI SAMUANGALA, *La « Liturgie africaine » de Jean-Paul II. De l'analyse des célébrations papales à leurs structures. Vers une liturgie inculturée en Afrique*, San Marino, AIEP, 1999, p. 18.

Nzambi Mpungu, poi gli antenati, i vivi e i morti della famiglia (*clan* in Francese). Tra i vivi, al vertice c'è il capo e il suo *entourage* (membri della sua famiglia e coloro che condividono direttamente con lui il potere, quali i notabili), gli adulti e i minori. I rapporti fra loro sono rapporti di dominazione e di subordinazione. Il capo incarna l'armonia sociale. La sua parola ha un grande valore e va osservata da tutti. Partecipando al potere del capo nello *Nsang*, il notabile come anche la sua parola sono rispettati da tutti per l'armonia del gruppo. Capiamo allora perché la regola indetta da lui di chiedere la parola viene osservata da tutti. Capiamo inoltre perché nello *Nsang* della macchina da cucire, Busiete è stato dato per perdente: per avere mancato di rispetto al suo cugino maggiore Oscar. Nonostante il fatto di avere avuto torto, costui è stato dato per vincitore a causa della sua anzianità.

La mano viene alzata quando colui che parla non spiega bene le cose. Concessa la parola, l'interessato parla in piedi per farsi vedere da tutto il pubblico. Proprio qui occorre trovare la sua interpretazione. Con essa, colui che chiede la parola intende intervenire per chiarire il punto d'ombra o cercare ampie spiegazioni su cose dette e non dette di cui è venuto a conoscenza. Lo scopo è di arrivare a una riconciliazione ben fatta e sincera nella giustizia, nella pace e nella verità. In realtà, alla base del suo intervento c'è l'amore per entrambe le parti che il conflitto ha allontanato momentaneamente. Come per le espressioni corporee precedenti, anche in questo caso, il corpo compatisce con colui che è in difficoltà nell'esprimersi bene e gli viene incontro per farlo uscire dall'*impasse*. Uscendo da esso, egli agevola il lavoro ai notabili che potranno decidere senza rischio di sbagliare. Tutt'altro che accompagnare il processo di riconciliazione, alzare la mano gli serve da sostegno. Esso è equiparato alle parole che saranno pronunciate da colui che domanda di intervenire e quindi assume la medesima funzione.

Se la mano viene alzata quando la spiegazione non è chiara significa che l'interveniente vuole partecipare alla discussione e al dibattito come persona intera, cioè corpo e anima, dando in tutta libertà il suo punto di vista. Riprendendo la definizione dell'Assemblea generale delle Nazioni Unite, Mayola scrive:

> *La participation signifie qu'une personne est reconnue comme possédant la capacité de juger et de décider des questions qui concernent sa vie, et à l'occasion de le faire en tant que membre d'un groupe social. La participation signifie aussi que la personne a conscience de la possibilité qui lui est ainsi offerte, qu'elle a accès aux moyens nécessaires pour en tirer profit (information-orientation-formation-structure) et a le sentiment que sa contribution a été reconnue, en particulier dans le processus*

de prise de décision. La participation ne peut avoir lieu s'il y a aliénation ou exploitation … [230]

Nella citazione, la partecipazione avviene quando sono riuniti alcuni requisiti: la capacità di giudicare e di decidere sulla propria vita all'interno di una socialità, la capacità di usufruire delle opportunità presenti e dei mezzi a sua disposizione, il riconoscimento del punto di vista emesso e la libertà di intervenire. In altri termini si tratta dell'interazione tra corpo individuale pienamente cosciente e libero di fare valere e rispettare le sue ragioni a tempo voluto, e corpi sociali. In modo tale che il primo si rappresenta e si identifica nella propria posizione e in quella degli altri e costoro si rappresentano sia nel suo che nel loro proprio intervento. Ciò che dichiara Malighetti a proposito della partecipazione corporea dell'antropologo alla vita quotidiana dei soggetti può essere applicato anche qui. Certo, la partecipazione corporea degli intervenienti realizza il loro ingresso sulla scena dello *Nsang* per condividere con i presenti la loro vita quotidiana. Il ruolo dell'inter-agentività come perno del processo di costruzione della conoscenza viene valorizzato, mentre la pratica e la *performance* ritengono tutta la loro attenzione degli stessi intervenienti [231].

Come abbiamo visto, Mauss non parla della mano alzata bensì del gesto di utilizzo di una sola mano e non dell'altra. È una scelta sociale che non c'entra con la fisiologia e la psicologia della dissimmetria motoria presso l'uomo e che i membri del gruppo che l'adopera devono imparare tramite l'insegnamento delle tecniche. Capiamo che anche i partecipanti allo *Nsang* sono chiamati ad adeguarsi alla disposizione tradizionale della mano alzata e ad imparare le tecniche esistenti un suo buon uso. Invece Sheets-Johnstone ne parla come movimento:

> *As modulações de movimento não ocorrem no espaço e no tempo, na verdade os criam (por exemplo, a maneira pela qual eu me movimento pode criar um espaço expansivo ou restrito), e as expectativas das consequências de movimento baseadas em regularidades cinéticas (por exemplo, cada vez que eu levanto minha mão é necessário o mesmo grau de esforço) são fundacionais para um senso de agência* [232].

La citazione afferma che le modulazioni del movimento non si verificano nello spazio e nel tempo. Crearle (ad esempio, il modo in cui mi muovo può creare uno spazio espansivo o limitato) e le aspettative delle conseguenze di movimento basate su regolarità cinetiche (ad esempio, ogni volta che alzo la mano è necessario lo stesso grado di sforzo) sono fondamentali per un senso di agenzia. Per l'autore, esiste implicitamente una tecnica del gesto

---

[230] MAYOLA MAVUNZA, LWANG, *De l'ideologie de la rhétorique perelmanienne à l'idéal* … cit. , p. 78.
[231] Cfr. R. MALIGHETTI-A. MOLINARI, *Il metodo e l'antropologia* … cit., p. 187.
[232] Maxine Sheets-Johnstone citato da T.J. CSORDAS, *Fenomenologia cultural corporeidade* … cit. , p. 299.

di alzare la mano che esige che venga fatto ogni volta con lo stesso grado di forza. Possiamo dedurre che questo cambia da una categoria di persona a un'altra (bambini e adulti, malati e sani, così via). Quale è allora la situazione dei battiti delle mani? Ne parliamo adesso.

4.2.2. Battito delle mani

Ngapono riferisce che se un membro dell'assemblea vede che chi parla non spiega bene le cose, egli può chiedere il permesso di intervenire. E la domanda della parola si fa battendo le mani [233]. Lo *Nsang* viene concepito come un gioco dove il corpo ha un ruolo non indifferente da giocare. Con il battito delle mani, esso disapprova o non condivide la verità professata e interviene per cercare di rimettere le cose alla normalità.

Anche nella fase conclusiva dello *Nsang*, il *Museng* e i notabili battono le mani, ma non più come fatto isolato. Essi le battono all'unisono mentre eseguono il canto che precede la comunicazione della decisione finale [234]. I battiti delle mani di colui che canta e balla, andando verso la parte di chi ha torto e mandando avanti le sue mani e piedi, hanno una sottolineatura speciale. Fatti in questo contesto, afferma Mukwa, essi «significano che la strada si sta aprendo, la verità sta per essere trovata» [235]. Dunque, sono espressioni di gioia perché si è finalmente trovata la strada da seguire. Avendola trovata si esce così dall'*impasse* nel quale si trovavano tutti. Diciamo che i battiti delle mani sono strumenti di accompagnamento del canto e della danza, e, considerando il momento di loro attuazione, sono strumenti di accompagnamento della verità che sta per essere partorita (il senso dell'orientamento di colui che canta e balla verso il colpevole). Il corpo con il battito delle mani partecipa all'avvenimento della verità. Inoltre esteriorizza il sentimento di gioia per la scoperta della strada che conduce alla verità tutta e, quindi, alla riconciliazione. Dunque, coloro che prendono parte allo *Nsang* organizzano i loro interventi in modo tale da ricordare e da restaurare l'armonia della e nella società [236].

I due orientamenti non si oppongono ma si situano in una relazione di continuità, di complementarità. La verità da partorire nello *Nsang* è il frutto di un lungo e impegnativo lavoro personale e collettivo, fatto di contro verità e di verità, di decostruzione e di costruzione, di errori e di correzioni. Un lavoro lento e paziente, ma anche gioioso quando il

233 Cfr. Intervista di R. Ngapono del 2 marzo 2019.
234 Cfr. Intervista di A. Busiete del 9 marzo 2019.
235 Intervista di H. Mukwa del 5 marzo 2019.
236 Cfr. NGILA BOMPETI, *L'usage symbolique de l'habillement dans la palabre Bolia au Zaïre* … cit., p. 123.

risultato auspicato si vede, viene toccato. Mediante i battiti delle mani dell'intervenuto e di tutti alla fase conclusiva, il corpo è attivo al processo di riconciliazione e si rallegra del fatto che la verità è venuta fuori e il colpevole è trovato e condannato secondo il costume. Anche qui i battiti delle mani sono la partecipazione con il corpo al processo di riconciliazione che coinvolge tutto il gruppo sociale. Quelli del giudice-notabile si riscontrano con quelli dell'assemblea. Se tale è la situazione di questi, che ne sarà del canto che essi accompagnano? A questa domanda intende rispondere il paragrafo seguente.

4.2.3. Canto

Il canto ci introduce nel registro della comunicazione sonora, abbandonando così quella non verbale caratteristica dei battiti delle mani. La bocca, la voce o il timbro vocale sono le parte del corpo direttamente coinvolte nel canto. Durante lo *Nsang*, questo è mezzo di comunicazione in quanto trasmette sempre un messaggio [237]. Esso si utilizza come genere letterario, insieme ai racconti, ai proverbi, ai miti e alle leggende. Tutti questi generi letterari servono a educare le nuove generazioni, a persuadere e ad arginare i conflitti, a svelare infine il genio culturale, la capacità intellettuale, il livello di conoscenza dei *partners* in presenza e il ruolo educativo della comunità [238]. Il canto viene eseguito dal notabile incaricato di comunicare la decisione della delibera, prima di parlare nella fase conclusiva. Il che vuole dire che durante lo svolgimento dello *Nsang* non viene fatto uso del canto. Non è a caso che viene intonato esclusivamente in questo momento. Questo, come anche il contesto, sono suggestivi del suo significato. Infatti, esso è interpretato «come segno di gioia» [239]. Esso è accompagnato dalla danza e dai battiti delle mani. La gioia è provocata dal fatto che si è trovata la via da seguire secondo Ngapono: «Quando vede che la strada da seguire si è scoperta, allora intona il canto» [240]. Il canto è allora il sentimento del cuore felice che si traduce in suono e questo, a sua volta, esce dalla bocca. Tra gli intervistati, J. Mabanza è l'unico a dare al canto il doppio significato di segno di gioia e di tristezza: «Per togliere il dolore a colui che soffre e dare la gioia a colui che non riesce ad aprirsi, a liberarsi dal suo problema» [241]. Secondo lui, il canto consola colui che sta nel dolore e colui che il problema chiude a se stesso. Quindi, esso mira alla gioia; esprime la gioia anche se indirettamente. In

---

[237] Cfr. Intervista di A. Kululu del 3 marzo 2019; Intervista di C. Muswana del 2 marzo 2019; Intervista di R. Ngapono del 2 marzo 2019; Intervista di A. Mabanza del 9 marzo 2019; Intervista di H. Mukwa del 5 marzo 2019.

[238] Cfr. D. KEMBE EJIBA, *Tel lieu, telle catéchèse. Catéchiser sous l'arbre à palabre en Afrique* ... cit. , p. 87.

[239] Intervista di J.C. Kalamuntu del 2 marzo 2019.

[240] Intervista di R. Ngapono del 2 marzo 2019.

[241] Intervista di J. Mabanza del 4 marzo 2019.

ogni modo, il dolore è un sentimento negativo che proviene da un animo o da un corpo insoddisfatto, deluso e condannato a una triste sorte che, in questo caso, il canto cerca di riprodurre per la via dei suoni emessi, della voce. Al contrario della gioia che procura una felicità duratura dal punto di vista psicologico, il dolore non riesce a essere colmato dalle parole umane. Il canto arriva a consolare momentaneamente il dolore di coloro che sono afflitti, ma senza mai cancellarlo o toglierlo [242]. Durante i funerali, in effetti, alcuni familiari non riescono più a versare le lacrime dopo avere pianto molto e vanno avanti indietro cantando e danzando. In tale caso diventa palese che il canto esprime il dolore e non la gioia.

L'assemblea e gli altri notabili cantano con il notabile incaricato di comunicare la decisione finale. Mentre costui canta, egli riguarda tutte e due le parti. Si crea così un clima di festa sul palcoscenico. Quindi, il canto anticipa la decisione. È questa idea infatti che intendeva esprimere A. Mabanza quando affermava a proposito dei canti: «Sono messaggi che orientano la decisione da comunicare» [243]. Il colpevole sa già che è lui che è mirato nel canto poiché chi canta si dirige generalmente verso di lui. Non solo! Egli può anche ballare mentre va verso costui mandando avanti le sue mani e piedi, e battendo le mani [244].

Anche nel *Museng* colui che si sente capace può intonare il canto e ballare [245] prima di parlare. Yayana precisa che egli canta per dire che il precedente non è nella giusta strada cioè non ha parlato bene. Egli apre qui un orientamento diverso da quello precedente. Invece di condannare, qui il canto sembra denunciare l'errore e soprattutto correggerlo, richiamare l'attenzione verso ciò che è supposto essere la verità o meglio, verso la verità. Importa sottolineare il modo in cui, attraverso il canto, il corpo viene reso partecipe del processo della riconciliazione fra le parti in causa. In modo sottile (canto) si dà torto a colui che ha torto e ragione a colui che ha ragione. La comunicazione sonora nella sua performatività trova il miglior modo di trasmettere anticipatamente la sentenza senza farla pesare al colpevole. In questo senso, contribuisce pacificamente alla risoluzione del conflitto. Tutto sommato, essa corrisponde con l'ideale stesso dello *Nsang* come strumento pacifico di risoluzione dei conflitti.

---

[242] Cfr. *Rituale Romano riformato a norma dei decreti del Concilio Ecumenico Vaticano II e promulgato da papa Paolo VI. Rito delle esequie*, ed. Conferenza Episcopale Italiana, Roma, Fondazione di Religione Santi Francesco d'Assisi e Caterina da Siena, 2011, p. 107 n. 84.

[243] Intervista di A. Mabanza del 9 marzo 2019.

[244] Cfr. Intervista di H. Mukwa del 5 marzo 2019.

[245] Cfr. Intervista di J. Mabanza del 4 marzo 2019 e *Ibidem*.

Lo sguardo veloce sul contenuto dei canti seguenti aiuta a confermare questa asserzione. Sette diversi canti sono stati eseguiti dagli intervistati. Due sono rivolti ai notabili e sono invitati ad esporre il problema nella giustizia e nella verità, condizioni necessarie per la loro felicità e quella delle parti in causa: «*Ta nduku nduku madia te, twa bisa bisa*»; cioè «se tu, notabile, dici bene il problema, saremo contenti e la famiglia starà meglio o in pace» [246] e «*Ah mundel lokoko, nkir a kwa ngok*», cioè «se mi faccio male durante il lavoro, il bianco Lokoko mi porterà all'ospedale». Kalamuntu ne dà il senso: «Sono venuto qui: se muoio, colui che mi prenderà sarà l'ospedale» [247]. Gli altri sono rivolti alle parti: «K*iye kie nda miku miku*», cioè «lo stupido parla *zig zag*». In altri termini, colui che parla non sa parlare davanti al pubblico (per dire che il suo discorso non è chiaro) [248]. Egli è paragonabile all'uccello che non ha nido, ma vuole che piova [249]. Si tratta di «un canto di animazione» quando qualcuno non sa parlare in pubblico [250]. Quindi è importante conoscersi ed evitare problemi quando non hai i mezzi per difenderti. Il secondo canto è : «*A linga linga linga, ngie nga kwa lin*ga, *linga, linga*», cioè «tu stesso hai cercato da te il problema» [251]. Il senso è il seguente: se vuoi che i guai non ti arrivino nella vita, cerca di non andarli a cercare. Il terzo abbonda nello stesso senso: «*A nge musal nge pol, ngie tien ngie ne asong*», cioè «l'albero morto è pieno di serpe o formiche dentro». S. Luzala lo spiega così: «Tu sai che questa cosa (soldi, moglie, ecc.) appartiene a un altro e vai a prenderla. Domani quando avrai difficoltà, la ragione è chiara: perché tu sei andato a cercare problemi (*Nsang*)» [252]. Ci viene da pensare all'adagio che dice: «aiutati e il cielo ti aiuterà». Vale a dire che se non ti dai da fare per vivere sereno, per non provocare le situazioni, tu sarai sempre nei guai. Il quarto dice «*Mbul bum, mbul ka no, mbul bum*» (2X), cioè «i tuoni fanno rumori significa pioverà». Secondo Mukwa, il senso è il seguente: «Hai problemi nella tua famiglia, invece di dirlo, lasci indovinare il notabile» [253]. Bisogna avere il coraggio di raccontare tutto il problema e tutta la verità su di esso per essere aiutato e non fare il furbo nascondendo alcune cose o dicendo la verità a metà, per lasciare indovinare il notabile. Finché arriva a indovinare, il giusto ti aiuta. Altrimenti non t'aiuta. Il

[246] Cfr. Intervista di C. Muswana del 2 marzo 2019.
[247] Intervista di J.C. Kalamuntu del 2 marzo 2019.
[248] Cfr. Intervista di C. Luzala del 3 marzo 2019.
[249] Cfr. Intervista di L. Yayana del 2 marzo 2019.
[250] Cfr. Intervista di J. Mabanza del 4 marzo 2019.
[251] Cfr. Intervista di A. Busiete del 9 marzo 2019.
[252] Intervista di S. Luzala del 9 marzo 2019.
[253] Intervista di H. Mukwa del 5 marzo 2019.

quinto, e l'ultimo, è «*Eh tawu tawu, bifu bube, tawu*», cioè «questo papà ha cattivi comportamenti, questo papà». Si tratta di un canto di condanna [254] verso un uomo a causa del suo cattivo esempio, della sua condotta sbagliata. È l'interesse di tutti comportarsi bene per non essere condannati.

Questo sguardo consente di trarre la conclusione che il canto veicola un messaggio concernente la risoluzione del problema. Il fatto che viene eseguito da tutti significa la loro implicazione nel processo di riconciliazione e li previene a non cadere negli stessi errori nel futuro per non incorrere le stesse sanzioni. Il corpo umano del notabile partecipa all'annuncio anticipato della sentenza e della risoluzione del conflitto, e fa partecipare quelli di tutti i presenti ad esso. Il canto di costoro diventa la loro adesione-partecipazione al processo di riconciliazione in corso. La bocca e la voce sono direttamente implicati nel canto come parti del corpo. Il suo suono penetra nella mente della gente fino a raggiungere il cervello come «organo preposto ad associare in modo opportuno l'informazione genetica e quella culturale nella produzione di comportamento mentale, verbale o organico» [255]. La sua ripetizione aiuta a fissare il testo nella memoria di coloro che lo eseguono e così se lo potranno ricordare. Il canto rileva del sentimento, dell'emozione mentre il suono impiega l'udito. Le emozioni sono raccolte e controllate dai lobi frontali. Invece, l'udito è raccolto e controllato da altre parti della corteccia [256]. Poiché il canto va insieme con la danza nello *Nsang*, come viene pensata o espressa? La risposta a questa domanda costituisce la sostanza del punto successivo.

4.2.4. Danza

La danza che accompagna il canto ci riconduce al registro della comunicazione gestuale. Come il canto, essa è messaggio [257]; «dà ragione a colui che ha ragione e torto a colui che ha torto» [258]. Infatti, colui che balla si dirige verso il colpevole per dire, riferisce Muswana, che «questo ci voleva prendere per stupidi mentre parlava, ora sappiamo che è lui che ha ucciso questa persona». In questo contesto, la danza diventa espressione di presa in giro, ma soprattutto di gioia. Questo senso che Muswana attribuisce al ballo viene poi corroborato da Kalamuntu e da Ngapono. Costui motiva la gioia che si esteriorizza nella danza dalla scoperta della via di soluzione. Per A. Mabanza invece, il senso di questo ballo è la condanna: «Non è la gioia, ma piuttosto ha il senso di condanna perché spesso colui che

[254] Cfr. Intervista di H. Mukwa del 5 marzo 2019.
[255] Burhoe citato da V. TURNER, *Antropologia della performance* … cit., p. 270.
[256] Cfr. Melvin Konner citato da *Ivi*, p. 270.
[257] Cfr. Intervista di A. Kululu del 3 marzo 2019; Intervista di C. Muswana del 2 marzo 2019.
[258] Intervista di A. Kululu del 3 marzo 2019.

balla va verso la persona che sarà condannata» [259]. Le due versioni non si oppongono; anzi si situano in un rapporto di continuità. Il punto di vista di A. Mabanza trova eco presso Mukwa. Anche per lui, la danza del notabile rivolta verso una parte ha il senso di (della sua) condanna [260]. È secondo il parere di Busiete «un incoraggiamento del colpevole: tu hai cercato da te questo problema. Hai visto il fuoco che hai toccato» [261]. Anche colui che ha parlato bene [262] e l'innocente [263] vengono incoraggiati con la danza.

La danza eseguita nella fase finale, prima della comunicazione della sentenza, viene interpretata dagli intervistati in una triplice direzione: come segni di gioia, come condanna e come incoraggiamento. Ogni direzione ci riporta alle finalità dello *Nsang*. Innanzitutto, questo mira alla riconciliazione delle parti. Quando gli ostacoli sono stati superati nel dibattito e la verità sta per essere partorita, la gente è contenta e si mette a ballare di gioia. La motivazione profonda, ma implicita sarebbe la riconciliazione imminente delle parti. Di seguito, esso si fa nella giustizia e nella verità. Dare ragione a colui che ha ragione e torto a colui che ha torto è davvero giustizia. La dichiarazione dell'innocenza da una parte e quella della colpevolezza dall'altra fa parte anche della giustizia. La danza in quell'unico momento è annuncio in anticipo con l'espressione del corpo di ciò che la parola del notabile incaricato dovrà comunicare il verdetto che renderà ufficiale dopo l'esecuzione del canto e della danza che l'accompagna. Secondo Yoka Lye, il danzatore garantisce l'armonia, la conciliazione e l'arbitraggio delle parti in causa. La danza ha il senso di orazione, d'invocazione della giustizia e della provvidenza. Detto ciò viene usata qui come supporto del culto [264]. È anticipazione dell'armonizzazione dei rapporti che tutti auspicano dopo lo *Nsang*. Esiste una similitudine tra la danza del dio Shiva nel mondo indù e quella del notabile. Il biblista Jean-Louis Ska scrive:

> *La danse du dieu Shiva représente en réalité tout le mystère de l'existence d'après la profonde philosophie du monde hindou. D'après cette vision, le but de la vie est une lente transformation d'un monde chaotique, violent e absurde en un monde harmonieux et plaisant. Le moyen de cette transformation est la «danse» qui permet d'échapper à la laideur et à l'absurdité de la vie. [...] la «danse» est, dans le monde hindou, le moyen de transformer la violence potentielle de l'univers pour le faire*

[259] Intervista di A. Mabanza del 9 marzo 2019.
[260] Intervista di H. Mukwa del 5 marzo 2019.
[261] Intervista di A. Busiete del 9 marzo 2019.
[262] Cfr. Intervista di L. Yayana del 2 marzo 2019.
[263] Cfr. Intervista di S. Luzala del 9 marzo 2019.
[264] YOKA LYE MUDABA, *La conférence nationale souveraine au Zaïre: la palabre ensorcelée* ... cit. , p. 70.

passer du chaos à l'harmonie. [...]. Le «Seigneur de la danse» est, quant à lui, le guide qui conduit vers ce monde transfiguré par la musique du temps [265].

La vita mira a trasformare lentamente il mondo caratterizzato dal caos, dalla violenza e dall'assurdità a quello armonioso e piacevole. L'esistenza come mistero viene rappresentato dalla danza del dio Shiva. Come guida, costui conduce verso il mondo trasformato dal tempo. La danza è il mezzo che rende possibile tale trasformazione in quanto consente di sfuggire alla bruttezza e all'assurdità della vita. Attraverso essa, la possibile violenza dell'universo si trasforma e quest'ultimo passa dal caos originario all'armonia. Il notabile che danza viene assimilato al Signore della danza. La sua danza trasforma lo scenario mettendo fine alle tergiversazioni circa la via da seguire e anticipando l'annuncio della sentenza del tribunale tradizionale e il ritrovamento dell'armonia vitale fra le parti alla fine di tutto con il pagamento dei diritti e della multa chiesti al colpevole. Allora questa danza manifesta la gioia del notabile. Questa gioia, e di conseguenza anche la danza, si prolungherà fino alla condivisione del cibo di comunione; in quel momento, essa si accompagna dai canti secondo Atangana: «*La palabre culmine et se dénoue en ce repas de communion, qui s'accompagne parfois de chants et de danses. La tribu réconciliée se réjouit de la paix retrouvée*» [266]. La giustizia fatta e la condanna del colpevole non bastano. Poiché la colpa è individuale e collettiva (in quanto i membri della comunità non hanno salvato l'armonia e la collaborazione, e hanno lasciato le cause della violenza svilupparsi al suo interno), bisogna purificare tutta la società con il sacrificio e celebrare la comunione ritrovata con il cibo.

Quindi, la danza è la mediazione simbolica che rende possibile il passaggio dalla sterilità (cioè la divisione creata dal conflitto) alla fecondità, dall'esistenza che si disintegra e appassisce a quella che fiorisce per produrre frutto (la nuova vita che comincerà dopo la risoluzione del conflitto) [267]. Poiché la danza assume anche il ruolo di creare l'armonia tra Dio, il mondo degli antenati e i vivi presso gli Yansi, il notabile che balla diventa fonte di benedizione nella misura in cui, attraverso la sua danza, viene distribuito ogni tipo di benedizione (fertilità della terra, fecondità degli uomini e degli animali) alle parti da parte del mondo invisibile. Anni fa, il letterario Octave Ugirashebuja dichiarava che la divinità si manifestava attraverso il corpo [268]. Essa si manifesta in esso tramite la danza. Il corpo

---

[265] J.-L. SKA, *L'argile, la danse et le jardin. Essais d'anthropologie biblique*, Bruxelles, Lumen Vitae, 2002, p. 33.

[266] B. ATANGANA, *Actualité de la palabre*? ... cit. , p. 462.

[267] Cfr. J.-L. SKA, *L'argile, la danse et le jardin. Essais d'anthropologie biblique* ... cit. , p. 44.

[268] Cfr. O. UGIRASHEBUJA, *L'Afrique face au sacré*, in «Zaïre-Afrique», n. 252 (1991), p. 113.

danzante del notabile partecipa alla riconciliazione e fa partecipare i presenti (l'imagine diventa ancora più esplicita quando qualsiasi altro presente raggiunge il notabile in mezzo all'assemblea per ballare insieme a lui), gli antenati che il notabile rappresenta, e anche la divinità ad essa. L'accompagnamento che la danza fa al canto durante la conclusione dello *Nsang*, il corpo lo fa per analogia alla parola (alludiamo alla decisione dei notabili) non come un fattore esterno, quindi non necessario, ma come fattore interno necessario all'insieme del processo della riconciliazione. Il corpo si fa carico dell'ideale della giustizia, pace e riconciliazione e della volontà di riparare il danno commesso e della speranza presente e futura di non commettere più lo stesso reato. Questo sarebbe il vero significato delle tre direzioni interpretative della danza secondo gli intervistati.

Il fatto che si balla alla sua conclusione vuole dire che la danza non è stata lunga. Inoltre, il fatto che viene eseguito dal notabile incaricato di pronunciare la sentenza porta a pensare che costui non era mascherato; quindi, era riconosciuto e identificato da tutti i presenti; il suo viso era scoperto. Queste due indicazioni ci fanno dire che si tratta della danza rituale anche se dura poco. Secondo Turner, il tipo di performance messo in gioco nel contesto della ritualità è una performance rituale. Essa non mira al divertimento come la danza a pagamento davanti ai turisti dei Dogon di cui parla l'antropologo Marco Aime. La dimensione rituale si manifesta nella sua profonda «connessione con le relazioni sociali e culturali che stanno alla base della comunità» [269]. Essendo la danza rituale, essa è anche tradizionale ed etnica. La ritualità, la tradizionalità e l'etnicità sono i tre elementi che la differenziano dalla danza teatrale secondo l'autore. Turner fa anche riferimento alla danza rituale delle donne intorno alla novizia e all'albero durante il rito di passaggio presso i Ndembu. Parafrasando i vescovi zairesi, si potrebbe dire che la loro danza intorno a lei «*manifeste la volonté de communier à la force vitale qui rayonne de l'autel* (dell'albero, abbiamo aggiunto noi)» [270].

Mauss riconosce la danza come parte delle tecniche di riposo attivo che rientrano nel campo dell'estetica e dei giochi del corpo e distingue la danza degli uomini e quella delle donne. Maxine Sheets-Johnstone, senza cadere nella categorizzazione uomo-donna, lo corrobora sostenendo che il movimento caratterizza l'essere vivente in genere (cioè, uomo e donna); Di conseguenza, tutti dovrebbero danzare. Purtroppo, conclude, la danza moderna è

[269] M. AIME-D. PAPOTTI, *L'altro e l'altrove. Antropologia, geografia e turismo*, Torino, Einaudi, 2012, p. 172.
[270] CEZ, *La présentation de la liturgie de la messe. Supplément au Missel Romain pour les diocèses du Zaïre*, Kinshasa, Secrétariat général, 1989, p. 15 n. 74.

diventata una attività sostanzialmente femminile [271]. La sottolineatura di Sheets-Johnstone interessa in particolar modo lo *Nsang* nella misura in cui quest'ultimo intrattiene il maschilismo: solo gli uomini vi partecipano e, quindi, ballano. Notiamo inoltre il iato fra la concezione della danza dagli Yansi e da Mauss. Durante lo *Nsang*, essa non viene concepita come estetica, come gioco e come riposo. Al contrario è attività nel senso di mediazione tra i vivi, e tra i vivi e i morti. Si potrebbe affermare la stessa cosa dello stare in ginocchio? Le righe seguenti sono un tentativo di risposta a tale domanda.

4.2.5. In ginocchio

Nello *Nsang* sul matrimonio, dopo che i soldi del *Kitwil* sono stati pagati al nonno materno, fu chiesto alla figlia (lei è la madre della sposa) di andare a prendere l'acqua. Una volta ritornata con l'acqua, le viene chiesto di mettersi in ginocchio davanti a suo padre (nonno della giovane sposa) per le abluzioni rituali delle mani. Prima di esse, il padre disse che il problema era finito dal momento che ha percepito il suo diritto. Continuando il discorso aggiunse che, se i malanni della nipote erano legati ai suoi lamenti, adesso che lo ha ricevuto (e, quindi, è stato risolto il problema) la nipote, la figlia e tutta la sua famiglia dovrebbero stare bene cioè vivere in pace. Però, quando ci sarà prossimamente un altro matrimonio, chiamatemi subito. Dopo di ché si mise a lavare le mani a sua figlia [272]. Purificazione e benedizione sono legate nei riti di riconciliazione. Mentre la prima lava l'uomo dal peccato commesso, la seconda implora su di lui ogni bene. Hochegger afferma quanto segue a proposito della benedizione:

> *Le grand nombre des rites enregistrés par l'équipe de chercheurs de Bandundu souligne que la bénédiction représente un thème central de la religion ancestrale et relève d'un besoin religieux essentiel du peuple. Les rites de bénédiction servent à donner la force, la chance, les succès, la fécondité, la santé, le bien-être, le bonheur, la paix, la sécurité, l'assurance etc.* [273].

Procurare il benessere è la finalità dei riti di benedizione nella religione ancestrale. La mamma, il babbo (il caso dello *Nsang* del matrimonio), la zia paterna, il nonno, lo zio materno, la zia materna, i gemelli, il più giovane figlio di una famiglia, il capo di terra, l'incaricato dei riti dei geni, i morti sono i principali dispensatori della benedizione. Questa si dà dopo la risoluzione di un conflitto, dopo un divorzio e prima di morire (benedizione di un genitore ai suoi figli). Il contrario della benedizione è la maledizione che viene usata come

[271] Cfr. Maxine Sheets-Johnstone citato da T.J. CSORDAS, *Fenomenologia cultural corporeidade* ... cit. , p. 299.
[272] Cfr. Intervista di H. Mukwa del 5 marzo 2019.
[273] H. HOCHEGGER, *Le langage symbolique des rites zaïrois. Expérience de terrain* ... cit. , p.360.

mezzo (frusta) per costringere colui che ha sbagliato a cambiare la situazione intollerabile. Tra gli anti-riti previsti per liberare la persona maledetta, Hochegger cita il fatto di dare le abluzioni per togliere la maledizione (è questo che utilizza il nonno materno della sposa), di bruciare la maledizione pronunciata, di neutralizzare la maledizione con la saliva, di fare le offerte ai morti e di strofinare la terra della tomba a coloro che sono maledetti [274].

Come di consueto, lo *Nsang* procede con le ipotesi. Poiché il *Kitwil* non è stato dato al nonno materno, si conclude che i malanni della nipote sono dovuti ai suoi lamenti. La riparazione al danno causato si fa nell'immediato pagando il diritto al nonno e la multa ai notabili. La riconciliazione tra il nonno e la famiglia di sua figlia si fa mediante alcuni riti: la figlia si inginocchia davanti al babbo in segno di umiltà, di riconoscimento del suo errore e di quello del suo marito; il nonno confessa il suo rancore, benedice la figlia (tramite lei anche tutta la sua famiglia) e le lava le mani. Il gesto finale della riconciliazione consiste quindi nelle abluzioni delle mani [275]. Nella vita ordinaria si sente dire: «mi lavo le mani in questa storia», come per dire: «mi tiro indietro, non ne voglio più sapere». Il sentimento reale che anima colui che lo dice è quello di pace e di riconciliazione con sé stesso e con l'altro. Le abluzioni con l'acqua lavano e purificano i "corpi fisici apparenti" e i cuori di tutti dai cattivi pensieri, ma anche dalle maledizioni incorse per opera del nonno. L'acqua diventa il testimone che vede i segreti dei corpi e dei cuori delle due parti impegnate nel rito di riconciliazione. Inoltre, è la medicina che guarisce gli uni e gli altri: li lava e toglie la buccia che nasconde l'essenza della vita e fa vedere ciò che si nasconde. Per riprendere la metafora dell'antropologo Gilbert Durand, diventa lo specchio: «*car le miroir non seulement est procédé de redoublement des images du moi, et par là symbole du doublet ténébreux de la conscience, mais encore se lie à la coquetterie. L'eau constituant, semble-t-il, le miroir originaire*» [276]. E lo specchio ha come funzioni di aiutare la gente a scoprire la loro faccia nascosta e a sdoppiarsi. Non solo l'acqua crea l'interazione tra padre e figlia, e ristabilisce la relazione fra loro, ma anche rimette la beneficiaria in fiducia e le apre la via della comunione con coloro che abitano la sua casa, il resto della famiglia del padre e i parenti che l'avevano con lei per il comportamento sbagliato di suo marito. Due considerazioni si devono fare a questo punto: primo, la causa della sofferenza della nipote è il nonno come figura di capro espiatorio; secondo, la persona che commette il reato non è per forza lei che viene colpita

---

[274] Cfr. H. HOCHEGGER, *Le langage symbolique des rites zaïrois. Expérience de terrain* ... cit. , p. 361.
[275] Cfr. P. POUCOUTA, *Palabre africaine et réconciliation* ... cit. , p. 47.
[276] G. DURAND, *Les structures anthropologiques de l'imaginaire*, Paris, Bordas, 1984, p. 109.

dalla sofferenza. Si potrebbe parlare con i moralisti qui del "peccato sociale" oppure della dimensione sociale del peccato individuale.

La riconciliazione fra loro è resa possibile dal rito dove il corpo, mediante l'inginocchiarsi della figlia, partecipa attivamente ad essa. Le ginocchia rappresentano la sedia di forza, di energia per la nuova partenza nelle relazioni fra la famiglia del nonno e quella della figlia. Ma rappresentano anche la mortificazione per l'accaduto, il sentimento di umiltà davanti al padre, il riconoscimento della colpa, il sentimento di pentimento, la domanda del perdono e il proposito di non farlo più in avvenire. Proprio con questa esortazione finisce il discorso del suocero prima di lavare la mani della figlia: Però, quando ci sarà prossimamente un altro matrimonio, chiamatemi subito. L'inginocchiarsi è quindi una "confessione-domanda di perdono" con il corpo del reato commesso dal marito. Il fatto che precedono le abluzioni rituali fa di esso la condizione senza la quale la riconciliazione non sarebbe avvenuta.

Lo stare in ginocchio della figlia è la modalità concreta di partecipazione attiva del suo corpo alla riconciliazione e dei corpi di tutti i membri della sua famiglia con il papà e i suoi parenti. Esso rappresenta quindi quello di tutti gli altri che, come lei, sono coinvolti nello sbaglio del marito. La rappresentazione va intesa nel doppio senso csordiano di ciò che «costruisce l'esperienza e la realtà come testi» e di ciò che «manifesta l'immediatezza incorporata di queste ultime» [277].

Il papà l'accetta (ma anche i presenti), riconosce i suoi dispiaceri, benedice, esorta e lava simbolicamente (tramite lei) tutti. Non c'è riscontro diretto da parte della famiglia della figlia al suo inginocchiarsi. Esso è implicito se consideriamo il riconoscimento dalla parte del marito di non aver dato il diritto *Kitwil* al suocero e il pagamento di quest'ultimo all'immediato, compreso la multa. Invece, quello del papà è diretto: con i gesti diversi di benedizione, di esortazione e di lavabo partecipa alla riconciliazione con la famiglia accusata. Detto ciò, si conferma qui la tesi di Turner secondo la quale l'uomo è un "*Homo performans*", cioè «un animale che si rappresenta». Egli si rivela a sé stesso e rivela agli altri ciò che sono realmente tramite le sue rappresentazioni. Inversamente, le rappresentazioni degli altri gli rivelano ciò ch'è e che sono loro stessi. Questa doppia operazione viene chiamata dall'autore performance riflessiva [278]. Quale interpretazione viene allora data alla

[277] R. MALIGHETTI-A. MOLINARI, *Il metodo e l'antropologia* ... cit. , p. 204.
[278] Cfr. V. TURNER, *Antropologia della performance*, p. 158.

simbologia dello stare in piedi durante lo *Nsang*? È ciò che intendiamo vedere adesso.

4.2.6. In piedi

Lo stare in piedi è la posizione ordinaria adoperata per parlare in pubblico. Il notabile Muswana riferisce che egli introduceva gli *Nsang* parlando in piedi e che chiunque avesse ottenuto il permesso, parlava stando in piedi [279]. La sua dichiarazione viene confermata da C. Luzala che precisa in più le uniche eccezioni della categoria di persone potendo parlare stando seduti; e cioè, i malati e le donne in gravidanza [280]. Anche le due spose che hanno perso il marito (C. Bukalambi) e il fratello maggiore di quest'ultimo parlano seduti, aggiunge A. Mabanza. A sua volta, Kalamuntu conferma la veracità delle affermazioni dei precedenti e spiega il "perché" del parlare in piedi; ha il senso di «segno di rispetto agli adulti e alle autorità che sono presenti» [281]. Le altre ragioni sono le seguenti: consente di «farsi meglio ascoltare da tutti» [282] e di farsi vedere da tutti [283]. A. Busiete è l'unico intervistato a stabilire la distinzione tra lo stare in piedi vicino alle parti (sono disposti l'uno accanto all'altro nello *Nsang* sulla famiglia, «per mostrare che le due parti cercano la riconciliazione») e il loro stare in piedi lontani nel caso sull'adulterio (per evitare che muoia qualcuno mettendoli insieme) [284].

Gli intervistati sono unanimi nel dire che si parla in piedi però si dividono per quanto riguarda le ragioni o i significati di questa posizione: è segno di rispetto per il primo gruppo (abbiamo già accennato al senso di rispetto che gli Yansi hanno gli uni verso gli altri, soprattutto verso le autorità e gli adulti, gli anziani di cui fanno parte i notabili), facilita l'ascolto per il secondo, facilita la visione per il terzo e traduce l'aspirazione alla pace o alla divisione per il quarto gruppo (A. Busiete). Dopo l'introduzione del capo o del notabile, inizia sempre a parlare in piedi l'accusatore. L'accusato gli risponde anche lui sempre in piedi. Gli altri partecipanti fanno lo stesso.

L'ascolto è un senso che impegna le orecchie, mentre la visione impegna gli occhi. Tutti e due hanno bisogno dell'attenzione per capire meglio il discorso dell'interlocutore e per fissare le cose viste nella memoria, nella mente. L'ascolto rimanda così alla comprensione e la

---

[279] Intervista di C. Muswana del 2 marzo 2019; cfr. anche Intervista di J. Mabanza del 4 marzo 2019; Intervista di H. Mukwa del 5 marzo 2019; Intervista di R. Ngapono del 2 marzo 2019; Intervista di L. Yayana del 2 marzo 2019.
[280] Cfr. Intervista di C. Luzala del 3 marzo 2019.
[281] Intervista di J.C. Kalamuntu del 2 marzo 2019.
[282] Intervista di H. Mukwa del 5 marzo 2019.
[283] Intervista di R. Ngapono del 2 marzo 2019; Intervista di J. Mabanza del 4 marzo 2019.
[284] Cfr. Intervista di A. Busiete del 9 marzo 2019.

visione alla ritenzione. Coloro che lavorano nell'ambiente scolastico sanno per esperienza che alcuni alunni capiscono la lezione durante l'insegnamento ascoltando il docente e vedendo le grafie nella bacheca e, di conseguenza, non hanno bisogno di ripassare i corsi. A loro importa molto ascoltare e vedere per capire e fissare ogni cosa.

Colui che parla in piedi è ascoltato e visto meglio, dicono gli intervistati. Alla luce di quanto detto si potrebbe concludere che si parla in piedi per essere capiti e per permettere all'auditorio di fissare meglio ciò che si dice. Quindi, la comunicazione tra l'emittente e i riceventi avviene solo se il primo parla in piedi. Si torna alla teoria della comunicazione umana di D.M. MacKay già citato [285]. In conclusione, lo stare in piedi è nel confronto dell'ascolto e della visione, ciò che l'emittente è nel confronto dei riceventi in questo schema dei processi comunicativi. E quando l'assemblea ha capito bene il messaggio trasmesso dall'interlocutore, la riconciliazione potrebbe avvenire anche bene. Attraverso questa posizione intesa come linguaggio è il corpo che viene coinvolto nello *Nsang* e che contribuisce pacificamente alla risoluzione del problema. Lo stare in piedi significa anche la vita per opposizione alla morte rappresentata dallo stare estesa. L'adagio «*Mpe Nsang, le banzua*», cioè «dammi il problema ma non uccidermi» citato da S. Luzala allude a ciò. «*De plus, personne n'est complètement noirci, personne n'est complètement blanchi. La palabre n'est pas un duel à mort où l'adversaire doit être cloué au tapis*» [286], scrive Poucouta. Piuttosto, è considerata da loro come la condizione della caduta e come il punto di partenza (o di rilevamento) dopo il conflitto. Come i gesti precedenti, lo stare in piedi è immerso nella logica della partecipazione diretta al dibattito per portare un contributo personale alla risoluzione del conflitto nella misura in cui l'adoperano il notabile, le parti e il *Museng*. Il riscontro è immediato in questo caso. Se qualcuno non si esprime bene, uno dell'assemblea chiede la parola per spiegare o chiedere più chiarezza. Questi interventi fatti in piedi faranno sì che si partorisca la verità e si realizzi la riconciliazione.

Mauss cita il gesto di stare in piedi, appesi a un ramo di un albero e dare alla luce delle donne australiane (del Queensland, della Guyane Britannica) e indiane. Una scelta culturale di partorire in quel modo che è diversa dalle posizioni comunemente dette normali. Allo stesso modo gli Yansi hanno scelto di parlare in piedi. Finché non cambierà la disposizione tradizionale continueranno a parlare in quel modo. Il senso di questo gesto, anche degli altri gesti di questo capitolo, costituisce un unicum con la struttura del mondo yansi che lo

[285] MacKay già citato alla pagina 38 nota 94.
[286] P. POUCOUTA, *Palabre africaine et réconciliation* … cit. , p. 42.

determina. Quindi, la sua comprensione suppone l'esistenza di un mondo percepito comune a tutti secondo Merleau-Ponty [287]. Se tale è la situazione dei piedi, che ne saranno delle mani nello *Nsang*? È l'argomento che stiamo per affrontare adesso.

4.2.7. Mani avanti indietro

Durante lo *Nsang*, il notabile (nel caso di specie Kimvam) manda avanti indietro le mani prima di parlare alla fine del canto e del ballo. Ci sono due movimenti delle mani. Il primo movimento consiste nel fatto di mandare avanti le mani verso il pubblico e gli altri notabili poi la reazione inversa, cioè le stesse mani che ritornano verso il punto di partenza. Le mani avanti e indietro sono poi seguite da tre battiti delle mani dello stesso notabile. Il secondo movimento (battito delle mani) porta a compimento il primo che, senza di lui, sarebbe incompleto. A questi due movimenti dell'emittente corrisponde la reazione dei riceventi che consiste nel porre esattamente gli stessi movimenti delle mani e dei gesti. Secondo Kululu, le mani mandate avanti indietro hanno il senso di «Prendete il problema (*makambu* in Kikongo)». Invece, il battito delle mani tre volte e in ordine è un «invito ad ascoltare in silenzio e attentamente» [288]. Per C. Luzala che si appoggia sulla gestualità stessa, essi significano che il notabile vi dà il problema e voi l'avete accolto [289]. Questi movimenti e gesti, che vengono fatti con gioia alla fase conclusiva, vogliono dire «che l'intelligenza venga, così possiamo pronunciare la sentenza di questo *Nsang*» [290] , «La gioia per concludere il problema» [291], la soluzione al problema è stata trovata e quindi è finito il problema [292], il «*Nsim* cioè tenetevi lo *Nsang*, non me lo fare mancare o sciuparmelo» [293], state pronti e attenti perché io (il notabile) voglio «concludere lo *Nsang*».

Come prima linea d'interpretazione possibile, c'è la gioia dovuta al fatto di avere trovato la soluzione al problema e l'invito fatto al *Museng* di essere pronto e attento ad ascoltarla e ad accettarla con docilità, cioè senza disordini né discussioni (secondo noi il senso di «non me lo fare mancare o sciuparmelo»). Come seconda linea d'interpretazione possibile, che non va separata dalla prima, è che la sentenza essendo già decisa durante la delibera e detenuta dal rappresentante dei notabili, costui ha bisogno di aiuto, della collaborazione dell'assemblea per poterla comunicare nel migliore dei modi perché una verità detta male,

[287] Cfr. Commento a Merleau-Ponty nel capitolo 2, p. 30.
[288] Intervista di A. Kululu del 3 marzo 2019.
[289] Cfr. Intervista di C. Luzala del 3 marzo 2019.
[290] Intervista di J.C. Kalamuntu del 2 marzo 2019.
[291] Intervista di A. Busiete del 9 marzo 2019.
[292] Cfr. Intervista di A. Mabanza del 9 marzo 2019.
[293] Intervista di H. Mukwa del 5 marzo 2019.

divide invece di unire le parti. In questo senso, la gioia della fine viene sfumata dalla paura di sbagliare la modalità di pronunziare la sentenza. Questa lettura sembra essere convincente. Altrimenti non si capisce perché, dopo la delibera e al momento di comunicare la sentenza, si dovrebbe coinvolgere il *Museng* a invocare lo spirito di intelligenza sul notabile incaricato di rendere pubblico la sentenza. Logicamente parlando, l'invocazione dello spirito di intelligenza doveva essere fatta prima della delibera in caso di necessità volutamente espressa dai notabili. L'una e l'altra interpretazione significano che i corpi di tutti i partecipanti vogliono la riconciliazione effettiva dei corpi altrui in disaccordo a causa del conflitto e desiderano partecipare all'avvento di tale riconciliazione, perché la felicità morale e psicologica delle parti passa necessariamente tramite la felicità dei loro corpi fisici. Ci viene spontaneo pensare all'adagio «lo spirito sano in un corpo sano». Secondo lo scrittore e giornaliste Roland de Miller, esso

> *ne signifie pas seulement qu'il faut avoir «un esprit sain dans un corps sain», mais surtout que l'esprit équilibré engendre l'équilibre du corps et qu'il est malcommode d'avoir une mentalité harmonieuse sans un corps harmonieux. On ne peut pas avoir une belle âme sans respecter son enveloppe, le véhicule de cette âme, son corps* [294].

Per l'autore, l'adagio pone un problema di coerenza, una reazione di causa e effetto: lo spirito e il corpo devono essere tutti e due sani ed equilibrati. Quando non lo sono entrambi, allora c'è qualcosa d'anomalo. Assicurare sempre l'armonia tra i due è compito difficile, come anche è difficile provvedere simultaneamente alla felicità morale-psicologica e fisica delle parti coinvolte dallo *Nsang*. Il singolo corpo umano del notabile incaricato di annunziare la sentenza ha la delicata missione e la grande responsabilità di fare avvenire la simbiosi tra i loro corpi fisici e il loro stato psicologico-morale. Finché c'è questa simbiosi, lo *Nsang* è riuscito. Se non c'è, questo è fallito. Certo non c'è sempre a causa della mutabilità dei sentimenti da parte dell'uomo. La consapevolezza di questa verità fa stare in ansia il singolo corpo dell'incaricato, ecco perché chiede l'aiuto degli altri (così dobbiamo, a nostro avviso, capire la frase di Kalamuntu («che l'intelligenza venga così possiamo pronunciare la sentenza di questo *Nsang*»). Con le sue mani mandate avanti indietro e i loro battiti, egli partecipa, provoca la partecipazione dell'assemblea e la rende partecipe della fase conclusiva dello *Nsang*.

---

[294] R. DE MILLER, *Célébration de la beauté. Ecologie profonde: la femme, la nature, l'art et la spiritualité*, Paris, Sang de la terre, 2017, p. 229.

Le mani mandate avanti e indietro poi i tre battiti di mano che concludono il movimento sono una elaborazione culturale yansi e hanno il loro riferimento nel contesto intersoggettivo dello *Nsang*. Csordas direbbe che fanno parte delle *forme somatiche di attenzione*. Sono i modi che sono stati elaborati culturalmente per impegnarsi con il proprio corpo nei contesti che includono la presenza incorporata degli altri. La componente preriflessiva del vissuto percettivo viene declinata, tramite questo concetto, in termini culturali. Dal punto di vista fenomenologico, sono esperienze vissute e irriflessive, e modalità esistenziali di essere-nel-mondo. Dal punto di vista analitico invece, esprimono la relazione dialettica tra coscienza percettiva individuale e pratiche collettive, e la convinzione che "preoggettivo" non significhi "preculturale" [295]. Il che vuole dire che la parola è un'altra modalità di comunicazione nello *Nsang*. Che tipo di comunicazione è e che rapporto può avere con l'intitolato di questo capitolo? Queste due domande costituiscono la materia di questo paragrafo.

4.2.8. Parole

Oltre al linguaggio non verbale si ricorrono durante lo *Nsang* anche alle parole come «semplici segni che stanno per gli oggetti materiali del mondo» [296]. I segni sono corporei in quanto vengono fatti dal corpo vivente, animato ch'è l'uomo anche se, come scrive Spindler, rimandano agli oggetti materiali. Il tipo di comunicazione attuato dalle parole non è quello non verbale; piuttosto verbale. Ne parliamo qui in quanto sono segni corporei. Inoltre, perché la parola è un autentico gesto dal giudizio di Merleau-Ponty [297]. È una delle modalità della gesticolazione fonetica di cui dispone l'uomo. Bisogna saperla e pronunciarla bene. Accanto ad essa esistono ad esempio i codici non verbali. Ma tutti sono dati all'uomo nella coscienza globale del corpo personale secondo lui. Ci soffermiamo su due modalità della parola, il proverbio e lo slogan. Sono tutte e due frequentemente utilizzate nello *Nsang*. Nostro scopo consiste nel cercare di trarre la loro originalità per poi collegarla con il tema di questo capitolo.

---

[295] Cfr. R. MALIGHETTI-A. MOLINARI, *Il metodo e l'antropologia* ... cit. , p. 206.
[296] G. Spindler citato da V. TURNER, *Antropologia della performance* ... cit., p. 146.
[297] Cfr. MERLEAU-PONTY, *Fenomenologia della percezione* ... cit. , p. 253.

4.2.8.1. Proverbio

Lo *Nsang* ricorre spesso ai proverbi (*Kisim*) che veicolano messaggi. Colui che parla e cita spesso il proverbio è riconosciuto sapiente, dichiara C. Luzala [298]. Con le sue parole, Kembe corrobora la tesi di costui: «*Un bon juge, un bon notable, est celui qui se distingue par la manière d'utiliser les genres littéraires (contes, proverbes ...) afin d'éclairer ou de calmer les esprits tendus entre les membres en palabre*» [299].

Gli intervistati ne hanno citato qualcuno. Alcuni *Kisim* si rivolgono alle parti. Rivolgendosi al cugino maggiore, il notabile dice: «*Nga muan kan ma nin tib ukuo, ngie ka tul kwa te*», cioè «se il fratello (cugino) minore ti fa la cacca in mano, non devi tagliare quella mano»; per dire che ogni problema si risolve. Al cugino minore fu detto: «*A kibal, kana lulem matul mba mba, ngie na pa tibi mbam*»; cioè «Giovanotto, se la lingua ha sempre fretta nel parlare, finisci per mangiarla». Il senso è il seguente: Hai agito in fretta comprando la seconda macchina da cucire. Avresti dovuto riconsegnare la macchina ricevuta dal cugino maggiore prima di comprare un'altra macchina da cucire [300]. Nella cultura bantu dove prevale il rispetto per gli adulti [301], il comportamento del cugino minore viene interpretato come mancanza di rispetto al cugino maggiore; perciò deve incorrere la sanzione. Il primo adulto nella *palabre* è colui che la presiede; egli incarna gli antenati [302]. Se colui che parla nega i capi di accusa per difendersi, gli viene ricordato quanto segue: «*Miding kika te kana mbaa kwa te*», cioè «non c'è fumo senza fuoco». Il senso è che se sei stato citato in quell'affare significa che tu ci sei entrato in un modo o nell'altro [303]. Altri *Kisim* vengono invece indirizzati ai notabili nella fase conclusiva per ricordali di valutare le diverse dichiarazioni ascoltate con imparzialità e con verità per non subire conseguenze negative. All'occasione fu detto: «*Muntu ke tubaka makambu kefwaka na 8h00; munkwa makambu ke fwaka na 18h00*», cioè «colui che presiede lo *Nsang* muore alle 8:00 mentre il proprietario del problema muore alle 18:00». Vale a dire che se non tratti bene lo *Nsang*, i condannati ingiustamente ti possono fare del male uccidendoti.

---

298 Cfr. Intervista di C. Luzala del 3 marzo 2019.

299 D. KEMBE EJIBA, *Tel lieu, telle catéchèse. Catéchiser sous l'arbre à palabre en Afrique* … cit. , p. 87.

300 Cfr. Intervista di A. Busiete del 9 marzo 2019.

301 Cfr. NGILA BOMPETI, *L'usage symbolique de l'habillement dans la palabre Bolia au Zaïre* … cit. , p. 129.

302 MAYOLA MAVUNZA, LWANGA, *De l'ideologie de la rhétorique perelmanienne à l'idéal* … cit. , p. 77.

303 Cfr. Intervista di C. Luzala del 3 marzo 2019.

Per discutere i diritti chiesti (ad esempio, la mucca) dai notabili o da una delle parti quando le famiglie sono sprovviste di risorse, si dice: «*Kana mfumu kulomba dikulu, bo kepesaka mpi nkingu*» significa: «Se il capo chiede la gamba, si dà anche il collo». Se il condannato non può pagare all'immediato tutto ciò che gli è stato chiesto, i notabili accettano di prendere ciò che ha già presente in mano in quel momento. Allora gli Yansi dicono: «*Muntu ya mefwa ke na mawa, muntu ya meloka mpi ke na mawa*» si traduce: «Colui che è morto è nel dolore, chi ha causato quella morte è anche nel dolore». Lo *Nsang* aiuta le famiglie a riconciliarsi in tutti i modi: «*Nsinga ya famiglia ke bendanaka, kansi yo ke zenganaka ve*» si traduce: «Il filo della famiglia si estende o allunga, però non si rompe mai». Il senso è che, nonostante la gravità di ciò che può accadere in famiglia, si finisce sempre a rifare pace [304]. Prima di concludere ogni *Nsang* si dice: «*Ta kam, ta ntik*», cioè «Dici la saggezza, dici la soluzione». Si tratta di un invito a rivolgersi al problema precedente di un tale per vedere come era stato risolto. Se la soluzione ha funzionato bene, allora occorre riprenderla nel caso presente. Questa è l'esperienza di incorporazione di tecnologie e saperi di cui parla Mauss. Il corpo assorbe questo sapere attinto dall'esperienza individuale e sociale, comune e condivisa, imparando a posizionarsi sulla scena sociale, incorporando tecnologie culturali, tecniche del sesso, del camminare, lavarsi, partorire, mangiare, a partire da processi di apprendimento, di socializzazione primaria e secondaria. Il corpo è strumento mentre Il gesto è tecnica [305]. Per mostrare che lo *Nsang* è cosa buona in quanto aiuta la gente e le famiglie a riconciliarsi si dice: «*Mpe Nsang, le banzua*» significa «Dammi il problema ma non uccidermi». Se ho torto io, condannami, però non esagerare la pena da infliggermi. La vita deve continuare dopo quel dato problema [306].

I messaggi di questi proverbi ruotano attorno alla prudenza per evitare i problemi; alla pazienza e alla misericordia ad avere verso colui che sbaglia, alla risoluzione dei problemi nella verità secondo il costume, alla comprensione dei condannati che possono mancare alcune cose e devono continuare a vivere dopo il conflitto. Soprattutto è interessante constatare che sei proverbi su nove alludono palesemente al corpo umano e ai suoi membri: la mano non viene tagliata perché è stata sporcata con il letame, la lingua che non ha freno finisce per farsi male, il piede equivale al collo nella riparazione del reato commesso, il corpo

---

[304] Cfr. Intervista di C. Muswana del 2 marzo 2019.
[305] Cfr. A.M. Di Miscio, *Ripensare il corpo; Antropologia dal corpo* ... cit. , consultato il 20.01.2020.
[306] Cfr. Intervista di S. Luzala del 9 marzo 2019.

del notabile soccombe se costui non risolve problemi con verità e parzialità, il corpo di colui che ha sbagliato dovrebbe essere condannato, ma non ucciso, i corpi del defunto e dello stregone sono simultaneamente affetti dalla tristezza.

Due temi emergono da queste allusioni corporee. Il primo tema porta sulla morale o sulla buona condotta. Certo, l'integrità fisica del corpo viene esplicitamente usata come rimando a quella morale nelle tre prime allusioni corporee. Peraltro, la buona condotta come condizione di mantenimento in vita del notabile viene trattata chiaramente nella quarta allusione. Il che vuole dire che gli *Nsang* potevano essere risparmiati se le persone si comportassero bene. Il secondo tema è quello della sacralità della vita. Esso viene evocato dalle allusioni corporee 5 e 6. Nessuno, e per nessun motivo, dovrebbe mettere fine alla vita umana perché è sacra. Anche il corpo umano, fosse del morto o del vivente, è sacro. Il proverbio non è l'unica modalità straordinaria della parola nello *Nsang*. Esiste anche lo slogan. Che ruolo ha? A questa domanda vuole tentare di rispondere il punto che segue.

A nostro parere, i proverbi possono essere considerati come *immagini incorporate* di cui parla Csordas. Sono incluse nella categoria di forme somatiche di conoscenza. Il processo immaginativo non si associa solo alla vista , e quindi a un'attività mentale. Coinvolge tutte le modalità sensoriali e, a volte, più di una allo stesso tempo. Appunto, l'autore si oppone alla tradizione occidentale che difende il contrario (cioè, l'associazione del processo immaginativo con la vista e con un'attività della mente) [307]. Anche se la formazione delle immagini non è associata a un impegno diretto del senso, questo è ugualmente corporeo [308]. L'affermazione sembra verificarsi in questo caso. I proverbi sono formulati dentro il corpo e vengono espressi da esso coinvolgendo l'intuizione, l'affettività e il movimento dell'emittente (notabile o qualsiasi persona).

4.2.8.2. Slogan

Il proverbio viene dato da colui che sta parlando per trasmettere un messaggio al *Museng*. Succede che egli introduca a volte il suo intervento con uno slogan che gioca la stessa funzione del proverbio. Gli intervistati ne hanno citati cinque. Vogliamo capire l'interpretazione che viene fatta da ognuno per poi collegarli con l'argomento di questo capitolo.

---

[307] Cfr. R. MALIGHETTI-A. MOLINARI, *Il metodo e l'antropologia* ... cit. , p. 207.
[308] Cfr. *Ivi*, p. 208.

Il primo slogan è «*Lesang tsi tsiri tsha*» che si traduce «ho già mandato il messaggio dappertutto». Dal parere di Muswana che ne parla, il senso è che il messaggio è già giunto da tutte le parti [309]. Tutti sanno ciò che è accaduto, quindi non c'è più niente di segreto. Il discredito viene lanciato, il problema deve essere risolto. Il secondo, che viene emesso prima di intonare il canto e di parlare nella fase conclusiva dello *Nsang*, è «*Nsang ya*» al quale l'assemblea risponde: «*ya*». Esso si ripete per ben tre volte [310]. Letteralmente si traduce «Il problema viene». L'interpretazione è che «siamo venuti qui a risolvere il problema», riferisce Kalamuntu. Qui abbiamo la filosofia che sottende la narrazione e la discussione (o dibattito) come due grandi momenti della *palabre* in Africa; certo, la parola del narratore sollecita sempre la risposta della comunità ("*feedback*") [311]. Lo scopo della narrazione è quello di provocare il lavoro ermeneutico degli ascoltatori che dovrebbero decidere da soli sull'orientamento e sul concreto comportamento da adottare nella società. Il terzo, che viene intonato prima di parlare in piedi, consiste nel dichiarare: «*Mumbial bukar Nsang eh*» al quale segue la reazione «*eh*» dell'assemblea; esso significa secondo Yayana «Prendete questo problema con peso; è vero» [312]. Il quarto slogan è «*Museng tsitsiri*», risposta dell'assemblea: «*tsia*» (2 volte); si traduce: «Il pubblico non dorma». Per J. Mabanza, si tratta di un invito al *Museng* di essere attento, sveglio [313]. Il quinto, e infine, si dice prima di annunciare la sentenza della delibera, è «*Nsang tsi tsiri tcha*», cioè «Il problema è arrivato alla fine» [314]. Quindi, bisogna disporsi ad accogliere la decisione finale dei notabili.

Tutto sommato esiste una logica interna a questi slogan. Si parte dall'accaduto e dalla perdita di fama che ne segue, passando dal raduno per la sua risoluzione e dall'invito a prendere sul serio il problema, e culmina nell'invito ad essere attenti e svegli per ascoltare la sentenza che pone fine ad esso. La partecipazione del corpo con la parola è meno palese nei proverbi, che sono più le lezioni di morale alle parti sulle loro condotte passate. Anche qui bisogna riconoscere che la morale viene interiorizzata e vissuta dai corpi individuali e sociali che l'istituisce. Negli *slogan* invece, essa sembra manifestarsi a prima vista. Gli interlocutori sono direttamente sollecitati dal notabile per reagire a queste parole ripetendo in genere solo

---

[309] Cfr. Intervista di C. Muswana del 2 marzo 2019.
[310] Cfr. Intervista di J.C. Kalamuntu del 2 marzo 2019.
[311] D. KEMBE EJIBA, *Tel lieu, telle catéchèse. Catéchiser sous l'arbre à palabre en Afrique* ... cit. , p. 91.
[312] Intervista di L. Yayana del 2 marzo 2019.
[313] Cfr. Intervista di J. Mabanza del 4 marzo 2019.
[314] C. Intervista di C. Luzala del 3 marzo 2019.

l'ultima sillaba. Questo processo letterario mira al coinvolgimento diretto degli interlocutori nell'azione dell'emittente (o del notabile). Esprime la loro adesione-partecipazione con i corpi ad esso. In questo modo essi vengono incorporati in lui e lui in loro, e incorporano il problema altrui nei loro personali e i loro in quello dell'altro. Qui si verifica la teoria di Csordas. Il corpo è soggetto della cultura e non un oggetto da studiare in relazione alla cultura. L'incorporazione diventa la condizione esistenziale dell'uomo. Studia la cultura e l'esperienza comprese dal punto di vista dell'essere-nel-mondo corporeo. La cultura e la storia sono il prodotto di idee, i simboli e condizioni materiali, e i processi corporei. In quanto "fondamento esistenziale"della cultura, il corpo è il corpo informato socialmente della teoria della pratica e preparato inconsciamente ad accettare la concertazione collettiva dell'agire; quindi non è separato o isolato dal suo contesto vitale. L'immediatezza dell'esperienza incorporata viene unita con la molteplicità dei significati culturali in cui siamo sempre e inevitabilmente immersi. Questo è il senso della fenomenologica culturale per lui [315]. Abbiamo visto che si parla in piedi durante lo *Nsang*. In quale misura possiamo dedurre che nessuno sta seduto in esso e in nessun momento? Nelle righe sotto intendiamo dare risposta ad essa.

4.2.9. Seduto

Abbiamo visto che coloro che hanno la parola lo fanno in piedi e dà il permesso di parlare il capo di raggruppamento o il capo di località o il rappresentante dei notabili. Nello *Nsang* in famiglia, il capo di raggruppamento e tutti i partecipanti si siedono e parlano seduti [316]. La familiarità viene espressa attraverso questa posizione. In quello di decesso, a causa della fatica, la moglie viene autorizzata eccezionalmente a parlare seduta [317], compreso il fratello maggiore del defunto Bukalambi. Come già abbiamo accennato, le donne non partecipano normalmente allo *Nsang*. Intervengono personalmente solo quando costituiscono una delle parti (come in questo caso di decesso). Ngila Bompeti dice che (il motivo) devono fare le casalinghe [318]. Coloro che ascoltavano erano anche seduti, invece coloro che non avevano le sedie erano in piedi [319]. Anche in quello della macchina da cucire, Busiete riferisce che il capo del raggruppamento, i notabili e il segretario del capo di raggruppamento che scriveva il verbale erano seduti. «Stare seduto è la loro posizione per svolgere lo *Nsang*. Esso

---

[315] Cfr. R. MALIGHETTI-A. MOLINARI, *Il metodo e l'antropologia* ... cit. , pp. 202-203.
[316] Cfr. Intervista di A. Kululu del 3 marzo 2019.
[317] Cfr. Intervista di C. Muswana del 2 marzo 2019.
[318] NGILA BOMPETI, *L'usage symbolique de l'habillement dans la palabre Bolia au Zaïre* ... cit. , p.124.
[319] Cfr. Intervista di A. Mabanza del 9 marzo 2019.

significa che formano il tribunale» [320]. Inoltre parlavano seduti secondo lui. Lo stare seduti è la posizione normale di ascolto di tutti gli altri mentre colui che parla lo fa in piedi [321]. In quello dell'adulterio, il capo di località accolse le due famiglie degli sposi e l'uomo adultero, li dette le sedie per sedersi e si misero a parlare. Dopo avere ottenuto il permesso di parlare e avere parlato in piedi, si siedono [322].

I vari *Nsang* stanno seduti in tre contesti differenti: per presiedere lo *Nsang* (esso è adottato dai suoi addetti e si presenta come la posizione normale per svolgerlo), per parlare in sede (è adottato dalle parti come la posizione normale per parlare nello *Nsang* di famiglia e come una derogazione o eccezione in quello di decesso), per ascoltare in tutti gli *Nsang* (in questo contesto, esso viene adottato dal *Museng*). La spiegazione appare chiara per il primo contesto. Per contro, la spiegazione negli altri due contesti merita ulteriori chiarimenti. Come interpretare lo stare seduto del capo di raggruppamento mentre parla alle parti o alla popolazione? Come interpretare quello delle parti quando raccontano il fatto o rispondono alle domande? Esso ha lo stesso senso dal capo e dalle parti? Esso ha lo stesso significato quando viene adottato per ascoltare il capo e le parti? Queste domande suggeriscono che lo stare seduto ha una dimensione verticale e una orizzontale. Adottato dal capo che parla alla sua gente, esso significa insegnamento e autorità, quella del maestro che insegna i suoi subalterni; che ha un'ascensione intellettuale e sapienziale su di loro. Soprattutto esso è la posizione di colui che presiede secondo Mimbu Kilol: «*Celui-ci (Lyangombe) - le personnage dans lequel il est censé s'incarner - est assis sur son siège (ntebe) et l'initiandus est par terre, à côté de lui*» [323]. Il significato diventa ancora palese quando l'autore aggiunge che si siede sul suo trono stringendo l'iniziato fra le sue ginocchia [324]. La funzione di presidenza è rappresentata dallo stare seduto. Invece, presso alcuni popoli, la disposizione della sedia del presidente nel raduno significa rispetto per lui nella sua doppia qualità di primo adulto tra gli adulti e d'incarnazione degli antenati:

> *On le voit par exemple chez les Angwi du Zaïre, dont le tribunal si fa en hémicycle. Le président s'assoit au bout de part e d'autre des parties en conflit. Il a à sa droite la seconde, la quatrième, la sixième ... personne selon le rang hiérarchique dans la cour, à gauche, les personnages de troisième, cinquième, septième ... rang* [325].

---

[320] Intervista di A. Busiete del 9 marzo 2019.
[321] Cfr. Intervista di R. Ngapono del 2 marzo 2019.
[322] Cfr. Intervista di L. Yayana del 2 marzo 2019.
[323] H. MIMBU KILOL, *Quels rites et symboles dans des liturgies africaines*? ... cit. , p. 93.
[324] *Ivi*, p. 94.
[325] MAYOLA MAVUNZA, LWANG, *De l'ideologie de la rhétorique perelmanienne à l'idéal* ... cit. , pp. 77-78.

Pur marcando la gerarchizzazione della società e l'importante ruolo dell'adulto, la disposizione delle sedie del capo che presiede e di coloro che condividono con lui l'esercizio della funzione di magistratura nello *Nsang* manifesta soprattutto il rispetto del popolo verso di loro.

Adottato dalle parti e dalla popolazione mentre parla il capo, esso simbolizza l'ascolto, l'accoglienza, la disponibilità all'ascolto e all'accoglienza, il rispetto per il capo che parla e per la sua parola. Nella citazione, l'iniziato l'adopera per nutrirsi della sapienza del re della morte *Lyangombe* nelle credenze rwandesi. Si tratta della dimensione verticale in tutti e due i punti di vista (del capo e dei subalterni). Adottato dalle parti che parlano all'assemblea, esso significa fornire informazioni, spiegazioni, chiarimenti e difesa. Adottato dalle parti quando ascoltano l'assemblea (notabili e pubblico), esso ha il senso di istruirsi, di rispetto altrui e di altri sensi precedenti. Questa è la sua dimensione orizzontale. Come si vede, la stessa posizione cambia significato secondo il punto di vista di colui che l'adotta e secondo il contesto. Essa coinvolge anche membri e sensi diversi in ciascun contesto: per presiedere, esso coinvolge il tronco dorsale e le gambe; per parlare, esso coinvolge oltre ai due citati anche la bocca, la voce; per ascoltare infine, esso coinvolge oltre ai due citati anche gli orecchi, il cervello e indirettamente la memoria come accennato in precedenza. Ascoltare significa dare una sosta all'esercizio della parola, del rumore interno ed esterno che abita l'uomo in vista di un *surplus*. La posizione seduta per la presidenza e per l'ascolto e l'istruzione manifesta ancora meglio la partecipazione del corpo, attraverso tutti i sensi, al processo della riconciliazione. Esprime la comunione, l'unità del gruppo sociale; la volontà di essere riconciliati sotto la guida dei garanti dell'armonia sociale; la disponibilità dei partecipanti a finire il diverbio fra le parti in causa.

Mauss cita tra gli atteggiamenti per il riposo lo stare seduto e aggiunge che non esiste un modo di sedere unico. Cambia secondo le circostanze, il luogo e il materiale che viene usato. Non è questo senso che viene dato a quest'ultimo nello *Nsang*. Qui viene inteso nel senso contrario di attività varie (ascolto, insegnamento, istruzione, presidenza). Il passo successivo si sofferma sul silenzio come comunicazione non verbale nello svolgimento dello *Nsang*.

4.2.10. Silenzio

Durante lo *Nsang*, mentre parla qualcuno in piedi o seduto, tutti gli altri lo ascoltano in silenzio [326]. Questo viene interrotto dalle mormorazioni di qualcuno nell'assemblea quando la verità saputa dalla gente non è stata detta cioè è stata nascosta [327]. Vale a dire che il silenzio osservato è per sentire tutta la verità sull'affare. E la verità si trova in ciò che dice la gente che sta piangendo. Il *Museng* segue e ascolta attentamente ciò che si dice e aspetta di sentire le stesse cose dalla bocca dei notabili e di colui che parla. Se costoro non seguono questa direzione, allora cominciano le mormorazioni [328]. Succede anche che gli accusati (come nello *Nsang* dell'adulterio) non dicano niente e seguano tutto in silenzio. Questo arriva spesso quando ci sono le prove materiali palesi e quindi indiscutibili (ad esempio, i vestiti della donna e dell'uomo adulteri per rimanere in questo caso) [329].

A riguardo esistono due interpretazioni: il silenzio come ascolto e come approvazione o consenso della propria colpa e accusa. Questa seconda interpretazione trova una sua consistenza non solo nel fatto di aver commesso il reato ma soprattutto nell'evidenza della o delle prove materiali. Peraltro, le motivazioni profonde dell'ascolto in silenzio sono da cercare nel desiderio, nella volontà di tutti di apprendere la verità sul problema per meglio aiutare le parti in conflitto a riconciliarsi e i notabili a decidere con giustizia e con imparzialità. Sia il silenzio di ascolto, sia quello di consenso e di accusa coinvolgono il corpo (cuore) e lo spirito (mente, intelligenza, anima). Facciamo presente che il silenzio si fa dentro il corpo e lo spirito, e nel contempo è fatto e osservato da entrambi. Questo silenzio non significa passività cioè assenza di attività. È invece silenzio d'attività. Quindi, il corpo partecipa alla risoluzione del conflitto prestando attenzione a ciò che si dice e si fa, discernendo il problema e cercando la soluzione migliore che conduca a ricucire il tessuto sociale. Durante il tempo di silenzio, il corpo interiorizza il problema ma anche le abitudini, le esperienze, i gesti e le pratiche sociale che verranno poi esteriorizzate a tempo dovuto durante la seduta stessa dello *Nsang* e alle occasioni successive. Così viene confermata la tesi di Bourdieu, secondo la quale, il corpo è centrale nella fondazione della vita sociale attraverso il

---

[326] Cfr. Intervista di J.C. Kalamuntu del 2 marzo 2019; Intervista di J. Mabanza del 4 marzo 2019 e Intervista di H. Mukwa del 5 marzo 2019.
[327] Cfr. Intervista di S. Luzala del 9 marzo 2019.
[328] Cfr. Intervista di R. Ngapono del 2 marzo 2019.
[329] Cfr. Intervista di L. Yayana del 2 marzo 2019.

duplice processo di interiorizzazione dell'esteriorità e di esteriorizzazione dell'interiorità [330]. Prima di lui, Mauss affermava che il corpo era biologico, costrutto artificiale e poietico. Si appropria intimamente dei saperi pratici che presiedono alla sua costruzione socioculturale e arriva a "naturalizzarli". In effetti, vive i gesti, le mimiche e i comportamenti attinti dall'esperienza sociale come fossero ovvi e spontanei [331].

Attraverso il silenzio i corpi interagiscono e si manifesta inoltre l'unità del corpo sociale radunato. Nelle società africane in generale, il silenzio è un valore che viene imparato dai ragazzi in pubertà e dagli adolescenti prima di passare all'età adulta. I riti di iniziazione sono i momenti per eccellenza di apprendimento di silenzio. Abbandonati nella natura o nell'oscurità della notte da soli, essi devono fare l'esperienza della solitudine e del silenzio. In tal modo entrano in contatto con sé stessi e con gli spiriti della natura, e si confrontano con gli animali feroci. La bravura consiste nel non avere paura davanti ad essi e ad uccidere qualcuno per poi portare via una parte come prova materiale della sua uccisione. Turner parla di "isolamento rituale" (alludendo al silenzio) a proposito del rito di pubertà delle ragazze Ndembu presso l'albero del latte:

> Un altro significato, indessicale piuttosto che iconico, rappresentava l'albero del latte come il rapporto fra la novizia e sua madre in quel luogo e a quel tempo. Indicava che il rapporto sarebbe stato trasformato dall'azione performativa, poiché la figlia non era più una bambina dipendente, ma sarebbe diventata, come la madre, una donna sposata quando l'isolamento rituale e i riti di uscita fossero finiti e lei stessa fosse stata virtualmente una madre [332].

L'isolamento rituale della novizia (cioè della ragazza) rimanda al periodo della reclusione durante la quale è messa in disparte (simbolo della sua morte) per essere iniziata nel silenzio assoluto alla vita matrimoniale futura. Fra l'altro, l'albero del latte significa la maternità della ragazza. Al termine della reclusione e dei riti di uscita diventa virtualmente madre. Dopo il lungo percorso sulla corporeità nello *Nsang* ci sembra utile vedere come la liturgia eucaristica congolese ha fatto l'inculturazione dell'espressione corporea.

Vogliamo concludere questo paragrafo sulle tre funzioni del gesto (cioè comunicazione, relazione, visibilità dell'anima) secondo Gnerre e sulle tre componenti dell'esperienza vissuta (cioè cognitive, affettive e impulsive) secondo Turner. Nel gesto di battito delle mani, la comunicazione si instaura fra il notabile e i presenti. Perché ne conoscono già il significato, i secondi accolgono l'invito del primo e vi aderiscono con i loro

---

[330] Cfr. R. MALIGHETTI-A. MOLINARI, *Il metodo e l'antropologia* ... cit. , p. 199.
[331] Cfr. M. MAUSS, *Les techniques du corps* ... cit. , p. 24.
[332] V. TURNER, *Antropologia della performance* ... cit., p. 292.

battiti delle mani. In modo che si crea tra di loro un rapporto di vicinanza non solo nell'intento ma anche nell'azione e vengono resi visibili i loro stati d'animo e, tramite il capo e i giudici-notabili, quelli degli antenati che costoro rappresentano. Le tre funzioni sono presenti in ogni gesto ma con accentuazioni diversi. Nei gesti compiuti dai singoli individui, cioè lo stare in ginocchio, in piedi e la gesticolazione fonetica (o parola), la visibilità dell'anima è forse più contenuta che in quelli che coinvolgono tutti. Inversamente, la comunicazione e la relazione sono acute in quelli collettivi. La teoria di Gnerre sembra verificarsi nei gesti da noi studiati. Peraltro, le tre componenti dell'esperienza vissuta hanno un rapporto strutturale palese nella struttura sequenziale del dramma sociale secondo Turner con particolari accentuazioni a seconda delle fasi. Alla rottura e alla crisi c'è meno la dimensione cognitiva e più quelle affettive e impulsive a causa dell'accaduto (adulterio, incomprensione con il bovaro, il cognato, il cugino e il marito; furto, gravidanza della sorella, malattie ripetute, rapina, stupro, tradimento del marito e della moglie, e così via). Tutti i sentimenti (spesso negativi) assalgono la mente. Nella fase riparatrice, la gente comincia a diventare sempre più ragionevole. Illuminata dai vari interventi e dal dibattito in assemblea, la gente è illuminata e utilizza ancora meglio la facoltà di cognizione. Però non tutti; spesso sono coloro che sono contenti dell'andamento del processo. Se le parti sono soddisfatti dal tribunale e della sentenza, anche il colpevole, allora viene fatta la riconciliazione auspicata e lo *Nsang* finisce qua. Vengono usate più cognizione e affettività e meno impulsione. L'affettività e l'impulsione vengono usate di più quando la riconciliazione non è avvenuta per il volere delle due parti o di una di loro, oppure perché una delle due non accetta il tribunale e la sua sentenza. In quel caso, lo *Nsang* può finire con la battaglia fra i gruppi avversari. Come si vede, la teoria di Turner esce rinforzata dai fatti sociali da noi presi in disamina. L'enigma da risolvere nel passo successivo consiste nel presentare sommariamente il modo in cui è avvenuta l'inculturazione dell'espressione corporea nell'eucaristia nello Zaire d'allora.

4.3. Inculturazione dell'espressione corporea nell'eucaristia zairese

Il bisogno di adattare il culto cristiano al genio culturale del popolo zairese di allora (oggi congolese) era espresso dall'episcopato già nel 1961 (quindi, prima della tenuta del secondo Concilio del Vaticano). La partecipazione attiva del popolo era l'obiettivo dell'inculturazione dell'eucaristia nello Zaire. L'episcopato inviò il 4 dicembre 1969 uno schema del «*Rite zaïrois de la célébration eucharistique*» alla Congregazione romana per il

Culto divino, chiedendola il permesso di usare questo rito *ad experimentum.* La risposta favorevole della cosiddetta Congregazione romana arrivò il 15 giugno 1974. L'episcopato si preoccupava già della questione del linguaggio non verbale nel progetto del 1971. La danza del celebrante principale dell'eucaristia, preceduto da due accoliti, attorno all'altare e l'ondeggiamento in piedi dei fedeli che cantano e battono le mani durante l'esecuzione del *Gloria* erano menzionati tra i tratti che distinguevano l'*Ordo Missae* inculturato nello Zaire dal suo omologo romano. Per mettere fine alla fase di sperimentazione e per garantire più sicurezza e più stabilità nelle celebrazioni, l'episcopato zairese inviò nel 1979 alla medesima Congregazione due testi portando i titoli "*La présentation du rite zaïrois de la célébration eucharistique*" e "*Textes du rite zaïrois de la messe*". Le osservazioni della Congregazione romana per la dottrina della Fede furono comunicate in data 2 settembre 1986 all'episcopato. A ottobre e novembre dello stesso anno, il segretario della *Congregatio pro Cultu Divino*: monsignor Virgilio Noè e il padre Jean Evenou arrivarono nello Zaire per una visita di lavoro con l'episcopato sui punti del progetto di "*Rite zaïrois de la célébration eucharistique*" che erano ancora in discussione [333]. Finalmente, il 30 aprile 1988, il P.A. cardinale Mayer firmava, nella sua qualità di Prefetto della *Congregatio pro Cultu Divino*, il Decreto *Zairensium Dioecesium* confermando il *Missel Romain pour les diocèses du Zaïre* [334]. Dall'intuizione originaria di avere un rito zairese dell'eucaristia si passò al Messale romano per le diocesi dello Zaire per la volontà di Roma. Si tratta di un cambio sostanziale. Il titolo definitivo significa nel contempo l'unità del rito romano e la concessione fatta alla Chiesa dello Zaire di adattare il Messale Romano dell'eucaristia alla sua situazione locale. Qui abbiamo un esempio tipico della dittatura della Chiesa Cattolica di Roma sulle Chiese locali.

Dopo questo breve percorso storico entriamo nel vivo del nostro argomento. Ci soffermeremo nelle righe seguenti sul linguaggio non verbale del prete e dell'assemblea (abbassamento della testa, applausi, battito delle mani, danza, darsi le due mani, gesto di ringraziamento, indumenti liturgici, lo stare seduto durante il Vangelo), presente nel *MRDZ* in rapporto con gli elementi della cultura locale.

---

[333] Cfr. J. EVENOU, *Rencontre au Zaïre avec la Conférence épiscopale (26 octobre-7 novembre 1986)*, in «Notitiae», n. 23/1 (1987), pp. 139-140.

[334] Cfr. CONGREGATIO PRO CULTU DIVINO, *Decretus Zairensium Dioecesium (30 aprilis 1988)*, in «Notitiae», n. 24 (1988), p. 457; *Ivi*, in CONFERENCE EPISCOPALE DU ZAIRE, *Missel romain pour les diocèses du Zaïre*, Kinshasa, Secrétariat général, 1989.

Il rito Romano congolese dell'eucaristia prevede il riconoscimento dei peccati da parte di tutti i presenti alla celebrazione. Esso si traduce per l'attitudine fisica di domanda di perdono, cioè l'abbassamento della testa e l'incrociamento delle braccia sul petto. La combinazione dell'abbassamento della testa con le braccia incrociate sul petto s'inspira dai costumi congolesi. Inoltre, l'abbassamento della testa appare ancora nel rito della pace. Infatti, il *MRDZ* stabilisce come gesti per lo scambio della pace il darsi il manico con le due mani oppure l'abbassamento della testa verso l'altro battendosi dolcemente le mani [335].

Il rito Romano della celebrazione dell'eucaristia non prevede gli applausi. Invece il permesso è stato dato alla Conferenza dei vescovi dell'ex Zaire di introdurli come gesti di consenso alla Parola di Dio ascoltata e commentata nell'omelia. Essi si ispirano alla cultura dell'oralità africana dove il dialogo occupa un posto privilegiato [336], come abbiamo visto nel *Nsang*. Inoltre, essi sono un potente mezzo di partecipazione all'eucaristia. Avendo stabilito il radicamento degli applausi nella cultura locale, occorre adesso trovare quelle del battito delle mani.

Il *MRDZ* menziona il gesto di battere dolcemente le mani come gesto di scambio della pace [337]. L'inspirazione africano-congolese dei battiti delle mani introdotti nell'eucaristia è confermata dal teologo Ezukwu : «*Battre des mains ou placer la main droite en coupe dans la gauche en inclinant la tête communique mieux le sentiment de componction*» [338] en Afrique centrale et occidentale. Il *Nsang* ricorre ad esso come abbiamo visto. Fin qui abbiamo parlato della testa e delle mani. Sapere che i piedi vengono coinvolti nell'eucaristia sembra essere cosa utile. Ora la questione è di dire come vengono coinvolti nella danza e l'ispirazione africana di questa.

La danza è un elemento culturale introdotto nell'eucaristia. *La présentation de la liturgie de la messe* parla al numero 74 della danza in circolo nei villaggi attorno a un oggetto centrale (ad esempio, il tamburo, uno strumento tradizionale di musica fatto con un tronco di legno secco vuoto dentro dall'alto in basso e della pelle di un animale). Questo centro è irradiante. I danzatori attorno a lui partecipano alla forza che vi esce. Detto ciò, la danza

---

335 *MRDZ*, p. 98 n. 27.

336 Cfr. O. BIMWENYI-KWESHI, *Discours théologique négro-africain. Problème des fondements*, Paris, Présence Africaine, 1981, p. 479.

337 Cfr. *MRDZ*, p. 98 n. 27.

338 E.E. EZUKWU, *Corps et mémoire dans la liturgie africaine*, in «Concilium», n. 259 (1995), p. 103.

eseguita dal sacerdote o dal diacono o da uno dei concelebranti e dai ministranti attorno all'altare nella messa durante il *Gloria* segue questo modello tradizionale di danza in circolo. Peraltro, la loro danza è preceduta da quella eseguita dalla folla nella navata e da coloro che hanno qualche servizio da svolgere nella celebrazione al momento della processione d'ingresso verso l'altare. Essa accompagna il canto d'ingresso. Se il gloria e quest'ultimo impegnano i piedi nella danza sacra, lo scambio di pace ricorre di nuovo alle mani. Le domande da risolvere sono quelle della gestualità dello scambio della pace e del suo fondamento culturale.

Il gesto di "*se donner les deux mains*" ha luogo nel contesto della riconciliazione quale avviene solamente dopo la confessione dei peccati e la purificazione con l'acqua benedetta, prima di offrire il sacrificio eucaristico, conformemente al precetto del Signore in Mt 5,23-24 («Se dunque presenti la tua offerta sull'altare e lì ti ricordi che un tuo fratello ha qualche cosa contro di te, lascia lì il tuo dono davanti all'altare e va' prima a riconciliarti con il tuo fratello e poi torna ad offrire il tuo dono») e seguendo la struttura del *Nsang* (vedi il *Nsang* di matrimonio). La sua ispirazione africana è indiscutibile. Secondo il liturgista congolese François Kabasele Lumbala, darsi le mani fa parte dei costumi congolesi. Il gesto è ancora più significativo quando i fratelli e le sorelle radunati sono salutati con il manico a due mani. In Africa, salutare una persona dandole il manico con le due mani è una grande marca di rispetto verso quella persona [339]. Fatto il rito della pace, i fedeli innalzano le preghiere a Dio per ringraziarlo per tutti i benefici ricevuti e per offrirgli diverse intenzioni di preghiera. L'idea della gratitudine è ancorata nella vita degli africani o no e come è espressa corporalmente? A queste due domande intendiamo dare risposte nel paragrafo seguente.

Innanzitutto, il gesto di ringraziamento viene fatto dal lettore al termine del rito della sua benedizione dal prete prima della lettura. Il gesto suo di chiedere la benedizione l'accredita presso l'assemblea conformemente al costume congolese [340]. Anche nel *Nsang* abbiamo visto che colui che desidera parlare in pubblico deve chiedere prima il permesso. Su questo punto, il rito della celebrazione eucaristica ha indubbiamente dovuto ispirarsi ad esso. Di seguito, il gesto di ringraziamento viene fatto dal prete alla fine del rito dell'offerta dei doni. Il prete risponde alle parole della presentazione dei doni facendo un gesto di ringraziamento, ricevendo i doni e facendoli deporre al posto preparato dai ministri. Nei due

---

[339] Cfr. F. KABASELE LUMBALA, *Pâques zaïres*, in J. DORÉ-R. LUNEAU-F. KABASELE LUMBALA (ed.), *Pâques africaines d'aujourd'hui*, Paris, Desclée, 1989, pp. 23-42.
[340] Cfr. CEZ, *La présentation de la liturgie de la messe*… cit., p. 18 n. 96.

casi, il *MRDZ* non precisa questo gesto. Però, nella pratica corrente, esso consiste a dei leggeri battiti delle mani o ancora a degli applausi.

La gratitudine fa parte del codice sociale di buona condotta. Presso il popolo Yaka ad esempio, la gratitudine è palese nella pratica di chiusura del lutto. Infatti colui che finisce il periodo del lutto condivide con il capo di famiglia sua (lo zio) ciò che ha prodotto in quel periodo. In cambio, lo zio gli offre il cibo di comunione [341]. Come si vede si tratta di una gratitudine reciproca. Quindi, il gesto di ringraziamento che fa il sacerdote presidente dell'eucaristia prima di ricevere i doni presentatigli dal gruppo dei fedeli alla fine della processione di offertorio si ispira alla tradizione africana della gratitudine. A proposito del sacerdote che presiede, ci stiamo chiedendo se esiste una differenza tra il suo abbigliamento e quello del prete celebrando nel rito Romano *tout court*. Le righe che seguono daranno questa differenza.

La «*chasuble, selon la forme reçue au Zaïre*» [342] si distingue da quella abituale del rito Romano tanto per la sua forma quanto per i suoi colori e i suoi motivi. L'acconciatura del sacerdote e i motivi degli indumenti liturgici congolesi sono costituiti principalmente da tre elementi simbolizzando il cosmo, quali sono: l'animale, il minerale e il vegetale. Essi sono un linguaggio in quanto veicolano un messaggio. Da un lato, gli indumenti del sacerdote con i suoi colori e motivi sottolineano la dimensione vittoriosa di Cristo insieme agli uomini e alle donne che credono in Lui e all'universo restaurato in Lui. D'altro lato, essi unificano l'uomo e il cosmo e il cosmo nella presenza di Dio durante l'eucaristia. Inoltre, l'acconciatura del sacerdote che presiede l'eucaristia simbolizza la sua funzione socio-religiosa. Il teologo Engelbert Mveng dichiara che essa, come anche gli indumenti liturgici del prete, s'ispira all'acconciatura dell'officiante tradizionale e agli indumenti liturgici tradizionali. Se l'abbigliamento stabilisce la differenza di età e di statuto sociale tra i *partners* durante lo *Nsang* Bolia [343], esso permette concretamente di distinguere il celebrante principale dell'eucaristia dagli altri ministri. Esiste però una visione africana molto profonda del vestito secondo Mveng. Per lui, gli africani concepiscono il vestito come «*associer au corps humain*

---

[341] Cfr. R. DEVISCH, *Le symbolisme du corps entre l'indicible et le sacré dans la culture Yaka: quelques axes de recherche*, in CENTRE D'ÉTUDES DES RELIGIONS AFRICAINES (ed.), *Médiations africaines du sacré. Célébrations créatrices et langage religieux. Actes du IIIe Colloque international du CERA, Kinshasa 16-22 février 1986*, Kinshasa, Faculté de Théologie Catholique, 1987, p. 146.

[342] CEZ, *Présentation générale de la liturgie de la messe pour les diocèses du Zaïre*, in *MRDZ*, p. 78 n. 35.

[343] Cfr. NGILA BOMPETI, *L'usage symbolique de l'habillement dans la palabre Bolia au Zaïre* ... cit., p. 125.

des éléments du cosmos pour les humaniser» [344]. Il prete presiede un'assemblea di uomini e di donne uniti dalla stessa fede in Dio. Egli presiede sia seduto che in piedi. Importa a noi adesso di conoscere la posizione adottata dai fedeli, in particolar modo quando viene proclamata la Buona novella di Gesù Cristo o il Vangelo e il suo radicamento nella cultura locale.

In Africa in generale e nella Repubblica Democratica del Congo in particolare, il capo parla seduto o in piedi, ma il suo popolo l'ascolta sempre seduto (come abbiamo esperimentato in tutti i *Nsang* studiati). Lo stare seduto è quindi la normale posizione di ascolto, di apprendimento. L'episcopato congolese ha dovuto ispirarsi alla tradizione africana per la sua adozione nell'eucaristia, di preciso al momento della proclamazione del Vangelo (invece nel resto del rito Romano, i fedeli seguono la sua proclamazione in piedi). L'ascolto seduto del Vangelo è l'espressione tipica del rispetto verso Cristo-Capo che parla a suo popolo in esso, è l'attitudine d'attenzione e anche la disposizione all'ascolto [345]. Questi significati danno credibilità a ciò che è stato detto prima sulla medesima posizione nello svolgimento dello *Nsang*.

Gli atteggiamenti, la gestualità e i movimenti durante l'eucaristie celebrata seguendo il Messale zairese sono stati già inculturati come abbiamo visto. La domanda da porci consiste nel sapere se non si possono più modificare? Se diciamo di "no" significa che il lavoro d' inculturazione delle espressioni corporee che è stato fatto è perfetto e quindi non ci sarebbe bisogno di rivederlo. Sapiamo però che ogni lavoro umano ha i suoi limiti. Non immaginiamo minimamente che il lavoro d'inculturazione svolto in questo paese dell'Africa centrale faccia eccezione. Situandoci dal punto di vista della finalità dell'inculturazione (aiutare i fedeli a partecipare attivamente alla celebrazione dell'eucaristia con le usanze e i costumi di casa propria), pensiamo che si possono cambiare o modificare qualora non rispondono più a questa finalità e lo richiedono i fedeli aiutati dagli esperti. Come si eseguono fanno parte degli *habitus* secondo Mauss e Bourdieu, dei modi di agire o delle tecniche del corpo (Mauss) e delle pratiche (Bourdieu) liturgiche di questo popolo. I due autori concordano per dire che possono essere cambiati nel tempo e nello spazio dalle società che li hanno inventati oppure secondo il contesto e le situazioni presente della vita. Lo scopo di ciò è il bene dell'uomo e quello di tutta la collettività umana che vive in quella società. Le teorie di questi autori, se necessario, possono essere d'aiuto per stimolare una ricerca futura di approfondimento

---

[344] E. MVENG, *Le vêtement liturgique africain*, in CENTRE D'ÉTUDES DES RELIGIONS AFRICAINES (ed.), *Médiations africaines du sacré*... cit., p. 463.
[345] Cfr. J.P. KWAMBAMBA, *Liturgia inculturata nella RD. Congo*, in «Ad Gentes», n. 2 (2010), pp.166-178.

dell'inculturazione eucaristica della corporeità nel Messale zaïrese in vista di rendere sempre più attiva la partecipazione dei fedeli, auspicata dai vescovi zairesi d'allora.

Conclusione

L'uomo comunica con i suoi pari durante lo *Nsang* tramite la mediazione del corpo come prodotto della cultura che, a sua volta, è corporea. Come abbiamo visto, questo è già in sé stesso un insegnamento. La vita dello sguardo s'aggiunge al movimento della mano, come anche le frasi espresse sono rinforzate dal lavoro dei muscoli della faccia e dal gioco di tutto il corpo. Il canto, la danza, i gesti e la parola sono tutti i suoi vari modi di espressione. I gesti rituali sono simboli poiché sono dei segni. In questo senso, essi fanno parte della comunicazione simbolica. Hanno un significante e un significato che rimanda a una realtà esistente. Compresa come la visione del mondo di ogni popolo, le sue maniere di vedere e di pensare, i suoi simboli e le sue rappresentazioni, la maniera di vivere propria a una cultura o a un popolo [346] secondo il sociologo Dominique Wolton, la cultura li codifica e li dona i loro significati. Essa però non è fuori o separata dal corpo; è corpo. Si incarna in esso e viceversa. Sono i gesti umani e culturali che sono stati integrati nell'eucaristia nello Zaire d'allora, dandoli dei significati cristiani. A titolo esemplificativo, ci siamo soffermati in queste pagine sui battiti delle mani, sulla danza, sulla domanda della parola e sul gesto di ringraziamento che segue, sulla posizione seduta durante la proclamazione del Vangelo. Si tratta di uno ricchissimo scambio tra cultura ed eucaristia, nel quale tutte e due si trovano arricchite dall'apporto dell'altra. La prima viene cristianizzata mentre la seconda si incarna in una cultura locale. È ciò che viene designata con l'espressione "inculturazione liturgica".

[346] Cfr. D. WOLTON, *Penser la communication*, Paris, Flammarion, 1997, p. 49.

CONCLUSIONE GENERALE

Al termine di questo studio sulla corporeità nello *Nsang* presso gli Yansi di Bampila nella RD. del Congo tentiamo di trarne le conclusioni. Le ricerche, e quindi gli autori, che ci hanno preceduto hanno manifestato poco interesse sull'argomento. Qualcuno ha accennato, *en passant*, a qualche espressione corporea. Ci siamo peraltro resi conto che alcuni antropologi, specialmente Bourdieu, Csordas, Mauss e Turner, hanno formulato teorie interessanti. Il corpo è nel contempo soggetto e oggetto. Viene posto al centro dell'attività antropologica del ricercatore, il quale smette di essere un osservatore per diventare un partecipante, con il proprio corpo, alla vita degli interlocutori per indagare sul campo. Anche i partecipanti eseguono le varie pratiche o drammi della vita come corpi e con i loro corpi. Con il succedersi delle pratiche nelle varie situazioni spazio-temporali, le comunità umane finiscono per creare gli *habitus* che le identificano e le distinguono dagli altri popoli. È, ad esempio, il caso degli *habitus* nella pratica dello *Nsang* come istituzione di coordinazione sociale per risolvere i vari problemi presso gli Yansi di Bampila. Il problema comincia sempre con la rottura e finisce con la riconciliazione, passando dalle fasi di crisi e della riparazione. A nostro parere, la fase riparatrice e il tempo di silenzio di ascolto dei partecipanti sono i momenti propizi dove avviene il doppio processo di interiorità e di esteriorità descritto da Bourdieu. In quel momento, pensiamo, il corpo del colpevole esteriorizza di più l'interiorità della propria colpa e interiorizza di più l'esteriorità della cultura.

Gli *Nsang* che sono stati studiati da noi riguardano la morte, la sessualità, il matrimonio. La loro risoluzione si è fatta coinvolgendo i vari corpi dei partecipanti nelle pratiche e negli *habitus*, radicati nella cultura locale e tramandati da generazione in generazione, e che i detentori del potere tradizionale difendono a tutti i costi perché fanno parte ormai del patrimonio culturale di questo popolo e lo vorrebbero perpetuare nel tempo e nello spazio. Gli intervistati sono unanimi nel sostenere che lo Nsang è una cosa buona ma le cose che non rispettano la giustizia, la pace, la riconciliazione e la verità vanno eliminate per il bene delle parti, dei notabili e di tutta la comunità come famiglia allargata.

Abbiamo osservato che la fedeltà alla tradizione ereditata dagli antenati se, da una parte, aiuta al mantenimento e alla perpetuazione delle pratiche e degli *habitus* acquisiti, dall'altra parte, costituisce un ostacolo per l'innovazione di quelli che sembrerebbero non adatti alla situazione e all'epoca odierna. In merito a ciò, le teorie dell'*habitus* di Mauss, della pratica di Bourdieu e quella degli stati affettivi, cognitivi e institivi di Turner possono esserci d'esempio. L'innovazione dell'espressione corporea potrebbe condurre a una re-dinamizzazione della pratica dello *Nsang*.

Abbiamo anche osservato alcuni punti comuni tra questi antropologi e la pratica dello Nsang: l'insegnamento e l'educazione alle pratiche e alle tecniche del corpo (o *habitus*), la partecipazione dei corpi dei presenti, la rappresentazione, la connessione fra il cervello e l'espressione corporea, l'esteriorizzazione dell'interiorità e l'interiorizzazione dell'esteriorità, e così via.

Abbiamo finito il quarto capitolo dando alcuni esempi dell'inculturazione dell'espressione corporea nel rito della celebrazione dell'eucaristia nella RD. del Congo.

BIBLIOGRAFIA

1. Fonti

Intervista di Kalamuntu J.C. del 2 marzo 2019.

Intervista di Muswana C. del 2 marzo 2019.

Intervista di Ngapono R. del 2 marzo 2019.

Intervista di Yayana L. del 2 marzo 2019.

Intervista di Kululu A. del 3 marzo 2019.

Intervista di Luzala C. del 3 marzo 2019.

Intervista di Mabanza J. del 4 marzo 2019.

Intervista di Mukwa H. del 5 marzo 2019.

Intervista di Busiete A. del 9 marzo 2019.

Intervista di Luzala S. del 9 marzo 2019.

Intervista di Mabanza A. del 9 marzo 2019.

Domanda a Kululu R. in data 24 settembre 2019.

Fotografie e registrazioni delle interviste e dei tre Nsang

2. Studi

2.1. Sullo Nsang

ALENGISA W.O., *Ewu ou la palabre chez les Angwi. Mémoire inédit*, Kinshasa, F.C.K., 1978.

ATANGANA B., *Actualité de la palabre?*, in «Etudes», n. 324 (1966), pp. 461-466.

BIDIMA J.G., *La palabre*, in «Diogène», n. 184 (1998), pp. 125-135.

__________, *La palabre, une juridiction de la parole*, Paris, Michalon, 1997.

BIKOUTA MENGA G., *La palabre stérile*, Yaoundé, Clé, 1973.

KEMBE EJIBA D., *Tel lieu, telle catéchèse. Catéchiser sous l'arbre à palabre en Afrique*, in «Revue Africaine de Théologie», XXVII, n. 53 (2003), pp. 81-97.

LAURENTIN-RETEL A., *Un jugement coutumier Nzakara. Réflexions sur un enregistrement d'audience*, in «Cahiers d'études africaines», n. 3 (1963), pp. 391-412.

LOHISSE J., *La communication tribale. La communication sociale dans les sociétés traditionnelles d'Afrique noire*, Paris, éditions Universitaires, 1974.

_________, *Le tambourineur et le scribe*, Louvain-la-Neuve, Academia, 1987.

MAWUTO AFAN R., *La palabre comme principe de la démocratie africaine*, in «Eglise d'Afrique. Revue d'études et d'expériences pastorales», n. 1 (2000), pp. 28-38.

MAYOLA MAVUNGA LWANGA, *La rhétorique du choix pour une argumentation dans la palabre africaine*, in *Philosophie et communication sociale en Afrique. III è Séminaire scientifique national de philosophie du 29 novembre au 03 décembre 1987*, (Recherches Philosophiques Africaines, 17), Kinshasa, Facultés Catholiques de Kinshasa, 1989, pp. 129-135.

_________________, *De l'idéologie de la rhétorique perelmanienne à l'idéal de société de la palabre africaine*, in *Tradition, spiritualité et développement. Actes de la XIII è Semaine Philosophique de Kinshasa du 05 au 11 avril 1992*, Kinshasa, F.C.K., 1993, pp. 71-79.

MENGA G., *La palabre stérile*, Yaoundé, Clé, 1973.

MUDIJI MALAMBA T., *Bases de la culture politique démocratique: entre l'agorà et l'arbre à palabre*, in *La responsabilité politique du philosophe africain. Actes du IXème Séminaire Scientifique de Philosophie Kinshasa, du 20 au 23 juin 1993*, Kinshasa, F.C.K., 1996, pp. 157-165.

MUKABI NGALULEY LOUDZOU, *La fonction du juge dans la palabre africaine chez les Ding. Etude comparée au rôle du juge dans les procès matrimoniaux selon les c.c. 1676-1677*, in «Revue africaine des sciences de la mission», nn. 10-11 (1999), pp. 112-143.

MUTUNDA MUEMBO, *La palabre*, in *Conflits et identité. Actes des Journées philosophiques de Canisius, avril 1997*, Kinshasa, Loyola, 1998, pp. 158-165.

MZEE MUNZIHIRWA, *La grande palabre que nous appelons conférence nationale*, in «Zaïre-Afrique», n. 257 (1991), pp. 343-347.

NGILA BOMPETI, *L'usage symbolique de l'habillement dans la palabre Bolia au Zaïre*, in «Revue africaine des sciences de la mission», n. 4 (1996), pp. 121-129.

NGWEY NGOND'A NDENGE, *Palabre africaine, lieu de révélation de divergence, terrain prospectif d'une communication plurielle*, in *Philosophie et communication sociale en Afrique. III è Séminaire scientifique national de philosophie du 29 novembre au 03 décembre 1987*, (Recherches Philosophiques Africaines, 17), Kinshasa, Facultés Catholiques de Kinshasa, 1989, pp. 115-122.

POUCOUTA P., *Palabre africaine et réconciliazione*, in «Pentecôte d'Afrique», n. 32 (1998), pp. 39-51.

QUENUM A., *Palabre africaine et quête de la vérité dans une Afrique morcelée*, in «RUCAO : Parole et vérité», n. 24 (2005), pp. 87-96.

YOKA LYE MUDABA, *La Conférence nationale souveraine au Zaïre: la palabre ensorcelée*, in «Zaïre-Afrique», n. 262 (1992), pp. 69-73.

2.2. Vari

AIME M.-PAPOTTI D., *L'altro e l'altrove. Antropologia, geografia e turismo*, Torino, Einaudi, 2012.

BIMWENYI-KWESHI O., *Discours théologique négro-africain. Problème des fondements*, Paris, Présence Africaine, 1981.

BOURDIEU P., *Per una teoria della pratica con Tre studi di etnologia cabila*, Milano, Raffaello Cortina, 2003.

CAPARROS E.-AUBÉ H. (a cura di), *Code de droit canonique bilingue et annoté*, Québec, Wilson & Lafleur, ^{3}2009.

CONFERENCE EPISCOPALE DU ZAÏRE, *La présentation de la liturgie de la messe. Supplément au Missel Romain pour les diocèses du Zaïre*, Kinshasa, Secrétariat général, 1989.

CONFERENZA EPISCOPALE ITALIANA (ed.), *Rituale Romano riformato a norma dei decreti del Concilio Ecumenico Vaticano II e promulgato da papa Paolo VI. Rito delle esequie*, Roma, Fondazione di Religione Santi Francesco d'Assisi e Caterina da Siena, 2011.

CSORDAS T.J., *Fenomenologia cultural corporeidade: agência, diferença sexual, e doença*, in «Educaçâo», XXXVI, n. 3 (2013), pp. 292-305.

___________, *Incorporazione e fenomenologia culturale*, in «Antropologia», III , n. 3 (2003), pp. 19-42.

DE MILLER R., *Célébration de la beauté. Ecologie profonde: la femme, la nature, l'art et la spiritualité*, Paris, Sang de la terre, 2017.

DEVISCH R., *Le symbolisme du corps entre l'indicible et le sacré dans la culture Yaka: quelques axes de recherche*, in CENTRE D'ÉTUDES DES RELIGIONS AFRICAINES (ed.), *Médiations africaines du sacré. Célébrations créatrices et langage religieux. Actes du IIIe Colloque international du CERA, Kinshasa 16-22 février 1986*, Kinshasa, Faculté de Théologie Catholique, 1987, pp. 145-165.

DI MISCIO A.M., *Ripensare il corpo, Antropologia dal corpo, Antropologia del corpo. Thomas Csordas, Nancy Scheper Hughes, Ivo Quaranta*, 20 maggio 2011«»

DURAND G., *Les structures anthropologiques de l'imaginaire*, Paris, Bordas, 1984.

EVENOU J., *Rencontre au Zaïre avec la Conférence épiscopale (26 octobre-7 novembre 1986)*, in «Notitiae», n. 23/1 (1987), pp. 139-140.

EZUKWU E.E., *Corps et mémoire dans la liturgie africaine*, in «Concilium», n. 259 (1995), pp. 101-110.

FAVOLE A., *Appropriazione, incorporazione, restituzione di resti umani: casi dall'Oceania*, in «Antropologia», III , n. 3 (2003), pp. 121-139.

GALINIER J., *T. Csordas, Embodiment and experience. The existential ground of culture and self*, in «L'Homme», XXXVI, n. 139 (1996), pp. 152-155.

GNERRE M., *L'addomesticamento dei corpi selvaggi*, in «Antropologia», III , n. 3 (2003), pp. 93-119.

GUARDINI R., *Opera omnia. L'uomo. Fondamenti di una antropologia cristiana*, Brescia, Morcelliana, 2009.

HÉRITIER F., *Une anthropologie symbolique du corps*, in «Journal des africanistes», LXXIII, n. 2 (2003), pp. 9-26.

HOCHEGGER H., *Le langage symbolique des rites zaïrois. Expérience de terrain*, in «Revue africaine des sciences de la mission», n. 1 (1994), pp. 357-365.

JOURNET N., *Arnold van Gennep (1873-1957). Les rites de passage*, in JOURNET N., *La culture de l'universel au particulier*, Paris, Sciences Humaines, 2002, pp. 79-85.

KABASELE LUMBALA F., *Pâques zaïres*, in J. DORÉ-R. LUNEAU-F. KABASELE LUMBALA (ed.), *Pâques africaines d'aujourd'hui*, Paris, Desclée, 1989, pp. 23-42.

KINGATA MUNSIAL M., *Bagata e migrations Yansi et Apparentes. Récit. Tashiar, le tout premier grand chef Yansi*, Kinshasa, King, 2015.

KWAMBAMBA J.P., *Liturgia inculturata nella RD. Congo*, in «Ad Gentes», n. 2 (2010), pp.166-178.

LABURTHE-TOLRA P.-WARNIER J.P., *Ethnologie Anthropologie*, Paris, Quadrige-PUF, 1993.

MALIGHETTI R.-MOLINARI A., *Il metodo e l'antropologia. Il contributo di una scienza inquieta*, Milano, Raffaello Cortina, 2016.

MATTALUCCI-YILMAZ C., *Introduzione*, in «Antropologia», III , n. 3 (2003), pp. 5-17.

MAUSS M., *Les techniques du corps* (1934), in «Journal de Psychologie», XXXII, n. 3-4 (1936), pp. 1-25.

MERLEAU-PONTY M., *Fenomenologia della percezione*, Milano, Bompiani, ^{4}2009.

_________________, *Il visibile e l'invisibile*, Milano, Bompiani, 1993.

MIMBU KILOL H., *Quels rites et symboles dans des liturgies africaines*?, in «Revue africaine des sciences de la mission», n. 4 (1996), pp. 87-110.

MUBANGI BET'UKANY G., *Système social et stratégies d'acteurs en Afrique. Les jeunes prêtres et l'Eglise du Congo*, Parigi, L'Harmattan, 2005.

MUKULU S., *Jésus Christ - vie et sociétés africaines. Prolégomènes à une théologie de la vie*, Frankfurt, Peter Lang, 2006.

MVENG E., *Le vêtement liturgique africain*, in CENTRE D'ÉTUDES DES RELIGIONS AFRICAINES (ed.), *Médiations africaines du sacré. Célébrations créatrices et langage religieux.*

Actes du III[è] Colloque international du CERA, Kinshasa 16-22 février 1986, Kinshasa, Faculté de Théologie Catholique, 1987, pp. 459-470.

NKINDJI SAMUANGALA R., *La «Liturgie africaine» de Jean-Paul II. De l'analyse des célébrations papales à leurs structures. Vers une liturgie inculturée en Afrique*, San Marino, AIEP, 1999.

OMBOLO J.-P., *Sexe et société en Afrique noire. L'anthropologie sexuelle Beti : essai analytique, critique et comparatif*, Paris, L'Harmattan, 1990.

PANDOLFI M., *Le arene politiche del corpo*, in «Antropologia», III , n. 3 (2003), pp. 141-154.

PATERA T., *Liminalité e performance: de l'anthropologie de Victor Turner aux Folies Tristan*, in «Revue d'épistémologie des langues et littératures du Moyen Age», n. 35 (2014), pp. 1-12.

QUARANTA I., *AIDS, sofferenza e incorporazione della storia a Nso' (provincia del Nord-Ovest del Camerun)*, in «Antropologia», III , n. 3 (2003), pp. 43-74.

ROSSI I., *La malattia cronica come marchio del corpo*, in «Antropologia», III , n. 3 (2003), pp. 75-91.

SKA J.-L., *L'argile, la danse et le jardin. Essais d'anthropologie biblique*, Bruxelles, Lumen Vitae, 2002.

SOW F.-BOP C., *Notre corps, notre santé. La santé et la sexualité des femmes en Afrique subsaharienne*, Paris, L'Harmattan, 2004.

THOMAS L.-V., *Corps et société: le cas négro-africain*, in «Cahiers des religions africaines», XVII, nn. 33-34, pp. 193-214.

TURNER V., *Antropologia della performance*, Milano, Il Mulino, 1993.

________, *Dramatic Ritual/Ritual Drama: Performative and Reflexive Anthropology*, in «The Kenyon Review», I, n. 3 (1979), pp. 80-93.

UGIRASHEBUJA O., *L'Afrique face au sacré*, in «Zaïre-Afrique», n. 252 (1991), pp. 109-117.

VAN GENNEP A., *Les Rites de passage*, Paris, E. Nourry, 1909.

VAN PARYS J.M., *Réflexions prudentes sur la «sorcellerie»*, in «Telema», n. 1 (2011), pp. 2-14.

WOLTON D., *Penser la communication*, Paris, Flammarion, 1997.

INDICE

SIGL E ABBREVIAZIONI
INTRODUZIONE GENERALE 1
CAPITOLO PRIMO 5
BREVE RICOGNIZIONE DELLO "STATO DELL'ARTE" DEGLI STUDI SULLO NSANG 5
CAPITOLO SECONDO 14
ANTROPOLOGIA DEL CORPO 14
Introduzione 14
2.1. Habitus 14
2.2. Incorporazione 20
2.3. Gestualità 26
2.4. Performance 33
Conclusione 40
CAPITOLO TERZO 42
NSANG COME STRUMENTO DI RISOLUZIONE DEL CONFLITTO SOCIALE PRESSO GLI YANSI DI BAMPILA 42
Introduzione 42
3.1. Concetto 44
3.2. Tipologia 46
3.3. Partecipanti 48
3.3.1. Nsang in famiglia 49
3.3.1.1. Ministri del tribunale 49
3.3.1.2. Altri componenti 50
3.3.2. Nsang pubblico 54
3.3.2.1. Ministri del tribunale 54
3.3.2.2. Altri componenti 55
3.4. Schema 57
3.5. Inconvenienze 60
3.6. Valori promossi 63
3.6.1. Lo Nsang al servizio della giustizia, pace e riconciliazione 63
3.6.2. Lo Nsang al servizio della verità 67
3.6.3. Lo Nsang al servizio della tradizione 73
Conclusione 76
CAPITOLO QUARTO 78
CORPO E SUE ESPRESSIONI NELLo NSANG 78
Introduzione 78
4.1. Concezione del corpo nei vari Nsang 79
4.2. Espressioni corporee nello Nsang 85
4.2.1. Alzare la mano 85
4.2.2. Battito delle mani 89
4.2.3. Canto 90
4.2.4. Danza 93

4.2.5. In ginocchio *97*
4.2.6. In piedi *100*
4.2.7. Mani avanti indietro *102*
4.2.8. Parole *104*
4.2.8.1. Proverbio 105
4.2.8.2. Slogan 107
4.2.9. Seduto *109*
4.2.10. Silenzio *112*
4.3. Inculturazione dell'espressione corporea nell'eucaristia zairese 114
Conclusione 120
CONCLUSIONE GENERALE 121
BIBLIOGRAFIA 123
INDICE 128

Printed by Books on Demand GmbH, Norderstedt / Germany